아랍어 중급

본 저서는 2018학년도 한국외국어대학교 교내학술연구비의 지원에 의하여 이루어진 것임.

اللغة العربية

المستوى المتوسّط

아랍어 중급

| 윤은경 지음 |

HUINE

머리말

아랍어는 아랍 연맹에 속한 서아시아 및 북부 아프리카에 위치한 22개 아랍 국가에서 3억 이상의 인구가 모국어 또는 공용어로 사용하는 언어이다. 또한 이슬람 연맹에 가입된 약 60여 개 이슬람 국가뿐 아니라 전 세계 14억 이상의 무슬림들이 예배어로 사용되고 있어 아랍어는 세계에서 가장 많은 인구가 사용하는 세계 주요 언어 중의 하나라고 할 수 있다. 또한 중세 시대의 문명어로서 아랍어권 지역의 문화 발달을 이끈 언어이며 서구 사회의 르네상스에 결정적인 기여를 한 언어이기도 하다. 또한 아랍어는 국제 연합(UN)의 6개 공용어 중 하나이며 아프리카 통합 기구(OAU) 등 많은 국제기구에서 공식 회의어로 사용되고 있다.

최근 세계는 세계화, 정보화, 다문화의 사회로 변화하고 있으며 인류 공동의 발전과 이익을 위한 국가 간 협력이 더욱 절실하게 요구되고 있다. 또한 세계가 하나의 생활권으로 발전해 가는 오늘날에는 다양한 외국어 습득과 외국 문화의 이해는 세계 시민이 갖추어야 할 중요한 자질이 되었으며 이러한 자질을 바탕으로 세계 무대에서 활동할 수 있는 유능한 인재를 양성할 필요성이 대두되었다. 이러한 시대적 흐름에 따라 국가 교육과정에서의 다양한 외국어 교육이 절실히 요구되고 있다.

한국과 아랍 세계 간의 관계는 역사적으로 유래가 깊다. 국제 사회에서 아랍 국가들은 정치·경제면에서 큰 비중을 갖고 있으며, 정보화 분야에서 세계적 수준에 있는 우리나라와의 경제적, 문화적 교류를 지향하고 있어 우리나라와 아랍 국가들 간의 상호 협력 관계는 더욱 심화, 확대될 것으로 기대된다. 이러한 과거의 역사적 사실과 오늘날 아랍 세계와 우리나라의 관계를 조명해 볼 때, 보다 객관적이고 정확한 시각에서의 아랍어 및 아랍 문화에 대한 총체적 접근 및 이해가 필요하다고 볼 수 있다. 최근 한국과 아랍 세계 간의 다방면 교류 증가로 인해 아랍어와 아랍문화에 대한 국내 학습자들의 관심이 늘어나면서 다양한 학습 자료의 필요성 또한 증가하고 있다.

이러한 중요성을 고려하여, 본 교재는 중급 수준의 아랍어 학습자들이 기존에 학습한 의사소통 내용을 바탕으로 보다 다양한 상황에서 활용할 수 있도록 심화된 내용의 단원을 통해 의사소통 능력을 향상시키고 습득된 언어 지식에 대한 응용력을 강화하도록 하였다. 또한 중급 수준의 의사소통 내용과 관련되는 낱말, 표현 및 문장을 충분히 활용하도록 하여 의사소통 학습이 연속성을 갖도록 구성하였다.

아울러 본 교재는 중급 수준의 의사소통 능력과 더불어, 학습자로 하여금 아랍어 원어민의 사고방식과 행동 유형을 이해하는 데 도움을 주기 위해 보다 심화된 학습 과제를 더하여 아랍어에 대한 이해를 높이도록 하였으며, 이를 통해 실제 상황에서 능동적이고 정확하게 아랍어로 의사를 표현하는 능력을 갖추도록 하였다. 단원별 필수 문법 설명과 더불어 쓰기, 회화 연습문제와 더불어 플렉스 아랍어 실전문제 유형의 연습 문제를 추가하여 통합적인 아랍어 구사능력을 배양할 수 있도록 구성되었다는 점이 특징적이다.

본 교재가 향후 우리나라와 아랍어권 국가들 간 문화 교류와 상호 이해 증진에 일익을 담당할 아랍어 전문가를 양성하기 유용한 학습 자료로 활용되기를 바라며, 학습자들로 하여금 아랍어 학습에 대한 관심과 흥미를 갖게 하여 중급 수준의 읽기, 쓰기, 듣기뿐 아니라 전반적인 아랍어 구사 능력을 향상시키는 데 도움이 되기를 바란다.

2019. 8

저 자

Contents

제1과

اَلدَّرْسُ الْأَوَّلُ : أُقَدِّمُ لَكُمْ نَفْسِي

여러분께 제 소개를 하겠습니다

학습 목표

- 자신과 가족 소개 및 장래 희망 표현하기
- II형, V형 동사와 동명사
- أَخَذَ + 미완료 동사 표현
- اِهْتَمَّ بِـ (~에 관심이 있다) 동사 미완료형 활용

어휘

أُقَدِّمُ	나는 ~을(를) 준다, 제출한다, 소개한다
نَفْسٌ (ج. أَنْفُسٌ)	~자신, 마음, 영혼, 같은
أَتَخَصَّصُ فِي	나는 ~을(를) 전공한다
عِلْمٌ (ج. عُلُومٌ)	앎, 지식, 학문
إِدَارَةٌ	행정, 관리, 경영
عَمَلٌ (ج. أَعْمَالٌ)	일, 사업
تَتَكَوَّنُ مِنْ	그것(여)은 ~으로 구성된다
إِنْشَاءٌ	건설
وُلِدْتُ	나는 태어났다
تَتَخَصَّصُ فِي	그녀, 당신(남)은 ~을(를) 전공한다
عَزْفٌ عَلَى	~을 연주하는 것
بِيَانُو	피아노
عِنْدَمَا	~할 때
شَارَكَتْ فِي	그녀, 당신(남), 그것(여)은 ~에 참여했다
مَبْنًى (ج. مَبَانٍ)	건물

سَبْعِينَاتٌ	70년대
أَخَذْتُ	나는 ~을(를) 가졌다, 취했다 / ~하기 시작했다(+미완료 동사)
أَهْتَمُّ بِـ	나는 ~에 관심이 있다
اِقْتِصَادٌ	경제
ثَقَافَةٌ	문화
أُصْبِحَ	나는 ~이 된다(접속법)
خَبِيرٌ (ج. خُبَرَاءُ)	전문가, 경험자
مَجَالٌ (ج. مَجَالَاتٌ)	분야, 영역
تَخَرُّجٌ	졸업
أُذَاكِرُ	나는 ~을(를) 공부한다, 복습한다
بِجِدٍّ	열심히
تَحْقِيقٌ	실현
حُلْمٌ (ج. أَحْلَامٌ)	꿈
مُسْتَقْبَلٌ	미래

본문

اِسْمِي مِين سُو جُونغ. وَعُمْرِي ثَلَاثٌ وَعِشْرُونَ سَنَةً.

أَنَا طَالِبٌ فِي قِسْمِ اللُّغَةِ الْعَرَبِيَّةِ بِجَامِعَةِ هَانْكُوك لِلدِّرَاسَاتِ الْأَجْنَبِيَّةِ .

أَتَخَصَّصُ فِي اللُّغَةِ الْعَرَبِيَّةِ وَعِلْمِ إِدَارَةِ الْأَعْمَالِ.

تَتَكَوَّنُ أُسْرَتِي مِنْ أَرْبَعَةِ أَشْخَاصٍ، وَهُمْ أَبِي وَأُمِّي وَأَنَا وَأُخْتِي الصَّغِيرَةِ.

وَيَعْمَلُ أَبِي مُهَنْدِسًا فِي شَرِكَةٍ كُورِيَّةٍ لِلْإِنْشَاءِ بِالسُّعُودِيَّةِ.

وَأَنَا وُلِدْتُ فِي مَدِينَةِ بُوسَان. وَأَسْكُنُ الْآنَ فِي مَدِينَةِ سِيوُل مَعَ أُمِّي وَأُخْتِي.

وَأُمِّي مُدِيرَةٌ فِي بَنْكٍ وَأُخْتِي تَتَخَصَّصُ فِي الْعَزْفِ عَلَى الْبِيَانُو بِالْجَامِعَةِ.

عِنْدَمَا كُنْتُ صَغِيرًا، سَمِعْتُ مِنْ أَبِي أَنَّ كَثِيرًا مِنَ الشَّرِكَاتِ الْكُورِيَّةِ قَدْ شَارَكَتْ فِي إِنْشَاءِ الْمَبَانِي وَالْمَصَانِعِ فِي الْبُلْدَانِ الْعَرَبِيَّةِ مُنْذُ السَّبْعِينَاتِ(السَّبْعِينِيَّاتِ).

مُنْذُ ذَلِكَ الْحِينِ، أَخَذْتُ أَهْتَمُّ بِالْاِقْتِصَادِ الْعَرَبِيِّ وَالثَّقَافَةِ الْعَرَبِيَّةِ.

أُرِيدُ أَنْ أُصْبِحَ خَبِيرًا فِي مَجَالِ الْاِقْتِصَادِ الْعَرَبِيِّ بَعْدَ التَّخَرُّجِ مِنَ الْجَامِعَةِ.

فَأُذَاكِرُ دُرُوسِي بِجِدٍّ كُلَّ يَوْمٍ لِتَحْقِيقِ أَحْلَامِي فِي الْمُسْتَقْبَلِ.

본문해석

제 이름은 정민수이고 나이는 23세입니다.

저는 한국외국어대학교 아랍어과 학생입니다.

저는 아랍어와 경영학을 전공합니다.

내 가족은 아버지, 어머니, 나, 여동생 4명으로 구성되어 있습니다.

아버지는 사우디아라비아에 있는 한국 건설회사에서 엔지니어로 일하십니다.

나는 부산에서 태어났고, 지금은 어머니, 여동생과 함께 서울에서 살고 있습니다.

어머니는 은행의 과장이시며, 여동생은 대학에서 피아노 연주를 전공합니다.

내가 어렸을 때, 아버지로부터 70년대 이후로 많은 한국 회사들이 아랍 국가에서 건물들과 공장들을 건설하는 데에 참여했다고 들었습니다.

그때부터 저는 아랍 경제와 아랍 문화에 관심을 가지기 시작했습니다.

저는 대학 졸업 후 아랍 경제 분야의 전문가가 되고 싶습니다.

그래서 저는 미래의 제 꿈을 실현하기 위하여 매일 열심히 공부합니다.

문법설명

1 Ⅱ형 동사와 동명사

Ⅱ형 동사의 완료형 어간은 فَعَّلَ 형이고 미완료형 어간은 فَعِّلُ 형이다. 미완료형의 주어표지어의 모음은 ـُ 이다. 대부분의 Ⅱ형 동사의 동명사는 تَفْعِيلٌ 형이다.

*قَدَّمَ 동사의 미완료 직설법 활용(동명사: تَقْدِيمٌ)

수 \ 인칭	1인칭	2인칭 여성	2인칭 남성	3인칭 여성	3인칭 남성
단수	أُقَدِّمُ	تُقَدِّمِينَ	تُقَدِّمُ	تُقَدِّمُ	يُقَدِّمُ
복수	نُقَدِّمُ	تُقَدِّمْنَ	تُقَدِّمُونَ	يُقَدِّمْنَ	يُقَدِّمُونَ

2 Ⅴ형 동사와 동명사

Ⅴ형 동사는 완료형과 미완료형 어간 모두 تَفَعَّلَ 형이다. 미완료형의 주어표지어의 모음은 원형이나 Ⅵ~Ⅹ형의 동사와 같이 ـَ 이다. 대부분의 Ⅴ형 동사의 동명사는 تَفَعُّلٌ 형이다.

*تَخَصَّصَ 동사의 미완료 직설법 활용(동명사: تَخَصُّصٌ)

수 \ 인칭	1인칭	2인칭 여성	2인칭 남성	3인칭 여성	3인칭 남성
단수	أَتَخَصَّصُ	تَتَخَصَّصِينَ	تَتَخَصَّصُ	تَتَخَصَّصُ	يَتَخَصَّصُ
복수	نَتَخَصَّصُ	تَتَخَصَّصْنَ	تَتَخَصَّصُونَ	يَتَخَصَّصْنَ	يَتَخَصَّصُونَ

3 أَخَذَ + 미완료 시제 : ~하기 시작했다

동사 أَخَذَ 가 미완료 동사와 함께 쓰이면 '~하기 시작했다'의 의미를 갖게 되며, 주어가 명사인 경우 أَخَذَ 와 미완료 동사 사이에 온다.

나는 울면서 집까지 뛰기 시작했다.

أَخَذْتُ أَجْرِي حَتَّى الْبَيْتِ وَأَنَا أَبْكِي.

한국의 산업은 80년대에 빠른 속도로 발전하기 시작했다.

أَخَذَتِ الصِّنَاعَاتُ الْكُورِيَّةُ تَتَقَدَّمُ تَقَدُّمًا سَرِيعًا فِي الثَّمَانِينَاتِ.

4 اِهْتَمَّ بِـ (~에 관심이 있다) 동사의 미완료형 활용

인칭 / 수	1인칭	2인칭 여성	2인칭 남성	3인칭 여성	3인칭 남성
단수	أَهْتَمُّ	تَهْتَمِّينَ	تَهْتَمُّ	تَهْتَمُّ	يَهْتَمُّ
복수	نَهْتَمُّ	تَهْتَمِمْنَ	تَهْتَمُّونَ	يَهْتَمِمْنَ	يَهْتَمُّونَ

아흐마드는 사회 문제들에 관심이 있다.

يَهْتَمُّ أَحْمَدُ بِمَشَاكِلِ الْمُجْتَمَعِ.

그러나 당신들은 이 일에 관심이 없다.

لَكِنَّكُمْ لَا تَهْتَمُّونَ بِهَذَا الْأَمْرِ.

듣기 (정답은 본문 참조)

1

2

3

4

5

6

7

8

9

10

11

쓰기

1 무함마드는 교수님과 그의 친구들 앞에서 자신을 소개합니다.

(نفسه، محمد، وأصدقائه، أمام، يقدّم، الأستاذ)

2 그 여학생은 대학에서 영어와 경제학을 전공합니다.

(وعلم الاقتصاد، في، الطالبة، اللغة الإنجليزية، بالجامعة، تتخصّص)

3 나는 미래에 사업가가 되고 싶습니다.

(أصبح، المستقبل، أن، أريد، رجل، في، أعمال)

4 그 한국 회사는 리야드에서 공장들을 건설하는 데 참여했습니다.

(إنشاء، بالرياض، الكورية، شاركت، في، الشركة، المصانع)

5 내 아버지는 이라크에 있는 한국 건설회사에서 기술자로 일하십니다.

(مهندسا، في، بالعراق، يعمل، أبي، كورية، للإنشاء، شركة)

회화 테스트

1 ولدتُ في سيول عام ١٩٩٦(ألف وتسعمائة وستة وتسعين).

나는 1996년 서울에서 태어났습니다.

2 منذ متى تسكن في الأردن؟

당신은 언제부터 요르단에서 살고 있습니까?

3 ستتخرّج سميرة من الجامعة بعد سنة.

사미라는 일 년 후에 대학을 졸업할 것입니다.

4 أخذ صديقي يهتم بالتاريخ الكوري.

내 친구(남)은 한국 역사에 관심을 가지기 시작했습니다.

5 ماذا تريد أن تصبح بعد التخرج من الجامعة؟

당신(남)은 졸업 후에 무엇이 되고 싶습니까?

연습문제

본문을 듣고 질문에 답하시오.

문제 1 مع من يسكن مين سو في سيول؟

________________.

문제 2 هل تتخصص أخت مين سو في علم إدارة الأعمال؟

________________.

문제 3 ماذا يفعل مين سو لتحقيق أحلامه في المستقبل؟

________________.

문제 4 빈칸에 들어갈 말로 알맞은 것을 고르시오.

A : ماذا تريدين أن تصبحي في المستقبل؟

B : أريد أن أصبح طبّاخة. وأنتَ، ماذا تريد أن تصبح؟

A : أريد أن أصبح دبلوماسيا ________ أهتمّ بالعلاقات الدولية.

B : فكرة عظيمة.

① لو ② أنّ

③ لأنني ④ لكنني

문제 5 빈칸에 공통으로 들어갈 말로 알맞은 것을 고르시오.

- شارك كثير ______ الطلاب في برنامج تعلم اللغة العربية.
- أريد أن أعمل في الحكومة بعد التخرج ______ الجامعة.

① في　② من

③ إلى　④ على

문제 6-10 괄호 안의 동사를 알맞은 형태로 바꾸어 쓰시오.

6 هل سوف ______ في علم الاجتماع بالجامعة يا أميرة؟ (تَخَصَّصَ)

7 معظم الكوريين ______ بالاقتصاد العالمي هذه الأيام. (اِهْتَمَّ)

8 أخذت المدارس ______ للطلاب خدمات التعليم الإلكتروني. (قَدَّمَ)

9 ______ العالم العربي من ٢٢ بلدا. (تَكَوَّنَ)

10 أذاكر دروسي بجدّ لكي ______ أحلامي في المستقبل. (حَقَّقَ)

제2과

اَلدَّرْسُ الثَّانِي : كَيْفَ قَضَيْتَ الْعُطْلَةَ؟

방학을 어떻게 보냈습니까?

학습 목표

- 여가 활용 및 유적지 방문에 관한 표현하기
- قَضَى (~(시간)을 보내다) 동사 완료형 활용
- 접속사 إِنَّ 에 대한 이해
- 연결형의 제1요소를 꾸미는 형용사에 대한 이해

어휘

قَضَيْتَ	당신(남)은 (시간을) 보냈다
مُمْتِعَةٌ	흥미로운, 재미있는; 흥미롭다, 재미있다(여성형)
سَافَرْتُ	나는 여행했다
زُرْتَ	당신(남)은 방문했다
مَعْلَمٌ (ج. مَعَالِمُ)	표시, 표식, 명소, 랜드마크
سِيَاحِيَّةٌ	관광의(여성형)
اَلْأَهْرَامُ	피라미드
أَبُو الْهَوْلِ	스핑크스
اَلْجِيزَةُ	기자(이집트 지역)
أَثَرٌ (ج. آثَارٌ)	유적, 유물
تِمْثَالٌ (ج. تَمَاثِيلُ)	동상, 조각상
اَلْأُقْصُرُ	룩소르
مَعْبَدٌ (ج. مَعَابِدُ)	신전, 사원
تَعَلَّمْتُ	나는 ~을(를) 배웠다
مَرْكَزٌ (ج. مَرَاكِزُ)	센터, 중심, 중심지

ثَقَافِيٌّ	문화의, 문화적인; 문화적이다
بَرِيطَانِيٌّ	영국의
مَارَسْتُ	나는 ~을(를) 실시했다, 실행했다, 연습했다
اَلْيُوغَا	요가
رِيَاضِيٌّ	운동의, 스포츠의
إِنَّ	접속사
مُجْتَهِدَةٌ	근면한, 부지런한; 근면하다, 부지런하다(여성형)
تَذْهَبِي	당신(여)는 간다(단축법)
بَلَى	(부정의문문의 답으로)예, 물론
شَاطِئُ الْبَحْرِ	해변
شَرْقِيٌّ	동쪽의
مُزْدَحِمَةٌ بِـ	~로 붐비는 ; 붐비다(여성형)
مَاءٌ (ج. مِيَاهٌ)	물

본문

فَرِيدَةُ: كَيْفَ قَضَيْتَ الْعُطْلَةَ الصَّيْفِيَّةَ، يَا سَالِمُ؟

سَالِمٌ: كَانَتِ الْعُطْلَةُ مُمْتِعَةً. سَافَرْتُ إِلَى مِصْرَ مَعَ أَصْدِقَائِي.

فَرِيدَةُ: هَلْ زُرْتَ الْمَعَالِمَ السِّيَاحِيَّةَ فِي مِصْرَ؟

سَالِمٌ: طَبْعًا. شَاهَدْتُ الْأَهْرَامَ وَأَبَا الْهَوْلِ فِي الْجِيزَةِ. وَزُرْتُ الْمَتْحَفَ الْوَطَنِيَّ فِي الْقَاهِرَةِ.

وَهُنَاكَ شَاهَدْتُ كَثِيرًا مِنَ الْآثَارِ الْمِصْرِيَّةِ الْقَدِيمَةِ، وَمِنْهَا آثَارُ تُوت عَنْخ آمُون وَتِمْثَالُ رَمْسِيسَ الثَّانِي. وَزُرْتُ الْأُقْصُرَ أَيْضًا، وَشَاهَدْتُ هُنَاكَ الْمَعَابِدَ الْقَدِيمَةَ.

وَأَنْتِ، مَاذَا فَعَلْتِ فِي الْعُطْلَةِ؟

فَرِيدَةُ: تَعَلَّمْتُ الْإِنْجِلِيزِيَّةَ فِي الْمَرْكَزِ الثَّقَافِيِّ الْبَرِيطَانِيِّ، وَمَارَسْتُ الْيُوغَا فِي مَرْكَزٍ رِيَاضِيٍّ قَرِيبٍ مِنْ بَيْتِي.

سَالِمٌ: إِنَّكِ طَالِبَةٌ مُجْتَهِدَةٌ. أَلَمْ تَذْهَبِي إِلَى مَكَانٍ آخَرَ؟

فَرِيدَةُ: بَلَى، ذَهَبْتُ مَعَ أُسْرَتِي إِلَى شَاطِئِ الْبَحْرِ الشَّرْقِيِّ .

سَالِمٌ: كَيْفَ كَانَ شَاطِئُ الْبَحْرِ الشَّرْقِيِّ؟

فَرِيدَةُ: أَعْجَبَنِي مَنْظَرُ الْبَحْرِ الْجَمِيلُ كَثِيرًا، وَلَكِنْ كَانَ الشَّاطِئُ مُزْدَحِمًا جِدًّا بِالنَّاسِ، وَكَانَتْ مِيَاهُ الْبَحْرِ بَارِدَةً قَلِيلًا.

본문해석

파리다: 살림, 여름 방학을 어떻게 보냈니?

살림: 방학이 즐거웠어. 나는 친구들과 이집트로 여행했어.

파리다: 이집트에서 관광 명소들을 방문했니?

살림: 물론이지. 기자에서 피라미드와 스핑크스를 봤어. 그리고 카이로 국립 박물관을 방문해서 많은 고대 이집트 유적들을 봤는데, 그중에는 투탕카멘의 유적과 람세스 II세의 동상이 있어. 나는 룩소르도 방문했는데 거기서 고대 신전들을 봤어. 너는 방학 때 뭐 했니?

파리다: 나는 영국문화원에서 영어를 배웠고, 집에서 가까운 한 스포츠 센터에서 요가를 했어.

살림: 정말로 너는 부지런한 학생이구나. 다른 데는 안 갔었니?

파리다: 아니, 가족과 함께 동해안에 갔었어.

살림: 동해안 어땠니?

파리다: 바다의 아름다운 경치가 아주 마음에 들었는데, 해변이 사람들로 너무 붐볐고 바닷물이 좀 차가웠어.

문법설명

❶ قَضَى (~(시간)을 보내다) 동사 완료형 활용

수 \ 인칭	1인칭	2인칭 여성	2인칭 남성	3인칭 여성	3인칭 남성
단수	قَضَيْتُ	قَضَيْتِ	قَضَيْتَ	قَضَيْتْ	قَضَى
양수		قَضَيْتُمَا		قَضَتَا	قَضَيَا
복수	قَضَيْنَا	قَضَيْتُنَّ	قَضَيْتُمْ	قَضَيْنَ	قَضَوْا

❷ زَارَ (방문하다) 동사 완료형 활용

수 \ 인칭	1인칭	2인칭 여성	2인칭 남성	3인칭 여성	3인칭 남성
단수	زُرْتُ	زُرْتِ	زُرْتَ	زَارَتْ	زَارَ
양수		زُرْتُمَا		زَارَتَا	زَارَا
복수	زُرْنَا	زُرْتُنَّ	زُرْتُم	زُرْنَ	زَارُوا

3 접속사 إِنَّ

접속사 إِنَّ 를 문장의 맨 앞에 사용하면 의미를 강조하게 되며, إِنَّ 가 명사절을 이끌 때 주어가 명사이면 목적격으로, 주어가 대명사이면 접미인칭대명사로 쓰인다. 또한 قَالَ (말하다) 가 절을 이끄는 경우에 함께 사용된다.

(정말로) 이 원피스는 네게 잘 어울려.

إِنَّ هَذَا الْفُسْتَانَ مُنَاسِبٌ لَكِ.

파리드는 다음 주에 일본으로 여행갈 것이라고 말했다.

قَالَ فَرِيدٌ إِنَّهُ سَيُسَافِرَ إِلَى الْيَابَانِ فِي الْأُسْبُوعِ الْقَادِمِ.

4 연결형의 제1요소를 꾸미는 형용사

연결형의 두 명사 사이에는 형용사가 오지 못하므로, 연결형의 어떤 요소라도 수식하는 형용사는 전체 연결형의 뒤에 위치한다. 이때 형용사는 피수식 명사와 성, 수, 격, 한정상태가 일치해야 한다.

그 여학생의 새 책 كِتَابُ الطَّالِبَةِ الْجَدِيدُ

한 신입생(여)의 책 كِتَابُ طَالِبَةٍ جَدِيدَةٍ

그 선생님의 예쁜 가방 حَقِيبَةُ الْمُدَرِّسِ الْجَمِيلَةُ

그 예쁜 소녀의 가방 حَقِيبَةُ الْبِنْتِ الْجَمِيلَةِ

듣기 (정답은 본문 참조)

1

2

3

4

5

6

7

8

9

10

11

12

쓰기

1 당신들(남)은 카이로에서 국립 박물관을 방문했습니까?

(المتحف، في، زرتم، هل، القاهرة، الوطني)

2 우리는 이집트에서 고대 유적이 매우 마음에 들었습니다.

(مصر، كثيرا، أعجبتنا، في، القديمة، الآثار)

3 나는 매일 스포츠 센터에서 요가를 합니다.

(اليوغا، أمارس، يوم، في، رياضي، مركز، كل)

4 당신(여)은 가족과 함께 서해안에 가지 않았습니까?

(ألم، الغربي، أسرتك، إلى، تذهبي، مع، البحر، شاطئ)

5 그 거리는 자동차들로 매우 붐볐습니다.

(الشارع، جدا، كان، بالسيارات، مزدحما)

회화 테스트

1 أين شاهدتَ آثار توت عنخ آمون وتمثال رمسيس الثاني؟

당신(남)은 어디에서 투탕카멘의 유적과 람세스 II세의 동상을 보았습니까?

2 قضينا العطلة الصيفية في شاطئ البحر الشرقي.

우리는 동해안에서 여름 방학을 보냈습니다.

3 الطلاب الكوريون زاروا المعالم السياحية في القاهرة.

한국 학생들은 카이로에서 관광 명소들을 방문했습니다.

4 هل شاهدتنّ بعض الآثار القديمة في الأردنّ؟

당신들(여)은 요르단에서 몇몇 고대 유적들을 보았습니까?

5 أعجبني منظر الجبال الجميل، ولكن كان الجو باردا جدّا.

나는 그 산들의 아름다운 경치가 마음에 들었지만, 날씨가 매우 추웠습니다.

연습문제

본문을 듣고 질문에 답하시오.

문제 1 مع من سافر سالم إلى مصر؟

________ .

문제 2 أين تعلّمت فريدة الإنجليزية في العطلة؟

________ .

문제 3 ماذا شاهد سالم في الأقصر؟

________ .

문제 4 빈칸에 들어갈 말로 알맞은 것을 고르시오.

A : ماذا شاهدت في الأردن؟

B : شاهدت الآثار الأردنية القديمة.

A : هل زرت البتراء وجرش؟

B : نعم، زرتهما و ________ البتراء وجرش كثيرا.

① أعجبني ② أعجبها

③ أعجبته ④ أعجبتني

문제 5 빈칸에 들어갈 말로 알맞은 것을 고르시오.

A : كيف قضيت العطلة، يا نبيل؟

B : سافرت إلى كوريا مع أصدقائي.

A : هل ______ قصر" كيونغ بوك"؟

B : طبعا. زرنا قصر" كيونغ بوك" وأيضا منطقة "إنسادونغ".

① زار ② زرن

③ زرتم ④ زرتنّ

문제 6-10 빈칸에 들어갈 말로 알맞은 것을 보기에서 골라 적으시오.

أَنْ لَا إِنَّهَا أَنَّ لَمْ لِكَيْ إِنَّكِ لِأَنَّهُ إِنَّ

6 اشتريت تذكرة العودة للمنزل ______ أقضي عطلة عيد الميلاد مع أسرتي.

7 يمارس الرياضة كلّ يوم ______ يعتقد أن الصحة هي أهمّ شيء في حياته.

8 قالت أمّي ______ بحاجة إلى مساعدتي في تنظيف المنزل.

9 ______ يعجبْك الشارع المزدحم بالناس في وسط المدينة أمس.

10 تذهبين لدراسة اللغة العربية إلى المكتبة كل يوم. ______ طالبة مجتهدة جدا.

제3과

اَلدَّرْسُ الثَّالِثُ : هَلْ شَاهَدْتَ مُبَارَيَاتِ تَصْفِيَاتِ كَأْسِ الْعَالَمِ؟

당신은 월드컵 예선 경기들을 보았습니까?

학습 목표

- 스포츠 관련 표현하기
- 축구 경기 관련 용어 학습
- III형 동사의 미완료형 활용
- 연결형에서의 남성 규칙복수형

어휘

تَصْفِيَاتٌ	(스포츠) 예선 경기
كَأْسُ الْعَالَمِ	월드컵
مُبَارَاةٌ (ج. مُبَارَيَاتٌ)	경기
فَرِيقٌ (ج. فِرَقٌ)	팀
فَازَ عَلَى	그, 그것은 ~에 승리했다
نَتِيجَةٌ (ج. نَتَائِجُ)	결과
هَدَفٌ (ج. أَهْدَافٌ)	골, 목표
مُقَابِلَ	~에 비하여, 대응하여
مُنْتَخَبٌ	(스포츠) 국가대표팀
خَاصَّةً	특히
شَوْطٌ	(스포츠) (전, 후반)전
لَاعِبٌ	선수
تَعْرِفُ	당신(남)은 ~을(를) 안다
سَجَّلَ	그는 ~을(를) 기록했다
نَادٍ (ج. أَنْدِيَةٌ)	클럽, 모임, 팀

مُمْتَازٌ	훌륭한, 탁월한; 훌륭하다, 탁월하다
يُشَارِكُ فِي	그것(남)은 ~에 참여한다
نِهَائِيَّاتٌ	(스포츠) 본선 경기
مُقَامَةٌ	개최되는, 수행되는, 진행되는; 개최되다, 수행되다, 진행되다(여성형)
تَأَهَّلَتْ إِلَى	그것(여)이 ~에 진출했다, 자격을 획득했다.

본문

هَان جِي: هَلْ شَاهَدْتَ مُبَارَيَاتِ تَصْفِيَاتِ كَأْسِ الْعَالَمِ، يَا أَحْمَدُ؟

أَحْمَدُ: نَعَمْ، شَاهَدْتُ الْمُبَارَاةَ بَيْنَ الْفَرِيقِ الْكُورِيِّ وَالْفَرِيقِ الْيَابَانِيِّ أَمْسِ.

هَان جِي: فَازَ الْفَرِيقُ الْكُورِيُّ عَلَى الْفَرِيقِ الْيَابَانِيِّ بِثَلَاثَةِ أَهْدَافٍ مُقَابِلَ هَدَفَيْنِ.

مَا رَأْيُكَ فِي الْمُبَارَاةِ أَمْسِ؟

أَحْمَدُ: كَانَتِ الْمُبَارَاةُ مُمْتِعَةً جِدًّا. وَلَعِبَ لَاعِبُو مُنْتَخَبِ كُورِيَا الْجَنُوبِيَّةِ جَيِّدًا، خَاصَّةً فِي الشَّوْطِ الثَّانِي.

هَان جِي: هَلْ تَعْرِفُ اللَّاعِبَ الْكُورِيَّ الَّذِي سَجَّلَ الْهَدَفَ الثَّالِثَ؟

أَحْمَدُ: طَبْعًا، أَعْرِفُهُ. هُوَ اللَّاعِبُ سُون هُونْغ مِين، وَيَلْعَبُ الْآنَ فِي نَادِي "تُوتْنهَام هُوتْسْبُور" الْإِنْجِلِيزِيِّ.

هَان جِي: صَحِيحٌ. إِنَّهُ لَاعِبٌ مُمْتَازٌ. أُحِبُّهُ كَثِيرًا. أَتَمَنَّى أَنْ يُشَارِكَ الْمُنْتَخَبُ الْكُورِيُّ الْجَنُوبِيُّ فِي نِهَائِيَّاتِ كَأْسِ الْعَالَمِ لِكُرَةِ الْقَدَمِ ٢٠٢٢ الْمُقَامَةِ فِي قَطَرَ، إِنْ شَاءَ اللهُ.

본문해석

한지: 아흐마드, 너는 월드컵 예선 경기들을 보았니?

아흐마드: 응, 어제 한국팀과 일본팀의 경기를 보았어.

한지: 한국팀이 일본팀을 3-2로 이겼지. 너는 어제 경기를 어떻게 생각하니?

아흐마드: 경기가 매우 재미있었어. 한국대표팀 선수들이 특히 후반전에서 잘했어.

한지: 너는 세 번째 골을 넣은 한국 선수를 아니?

아흐마드: 물론, 알고 있지. 그는 손흥민 선수이고 현재 영국 토트넘 홋스퍼팀에서 뛰고 있지.

한지: 맞아. 정말 그는 훌륭한 선수야. 나는 그를 굉장히 좋아해.
나는 한국 대표팀이 카타르에서 개최되는 2022 월드컵 본선에 진출하기를 바라.

문법설명

1 축구 경기 관련 용어

اَلْاِتِّحَاد الدُّوَلِيّ لِكُرَةِ الْقَدَم (الفيفا)	FIFA	ضَرَبَ(رَكَلَ) الْكُرَة نَحْوَ الْمَرْمَى	골대를 향해 공을 차다
اَلْمُبَارَاة النِّهَائِيَّة (نِهَائِيّ)	결승전	اَلتَّصْفِيَات	예선경기
هَدَف	골, 득점	اَلنِّهَائِيَّات	본선경기
حَارِس الْمَرْمَى	골키퍼	اَلْمُبَارَاةُ النِّهَائِيَّةُ	결승전
هُجُوم	공격	اَلْمُبَارَاةُ قَبْلَ النِّهَائِيِّة	준결승전
مُهَاجِم	공격수	تَسَلُّل	오프사이드 (Off-side)
مَرَّرَ الْكُرَة	공을 패스하다	كَأْس الْعَالَم لِكُرَة الْقَدَم	월드컵
سَجَّلَ الْهَدَف	득점하다	اَلشَّوْط الْأَوَّل	전반전
هَدَف التَّعَادُل	동점 골	اَلشَّوْط الثَّانِي	후반전
بِطَاقَة حَمْرَاء	레드카드	دَوْرِيّ الْأَبْطَال	챔피언스리그
بِطَاقَة صَفْرَاء	옐로카드	لَاعِب كُرَة الْقَدَم	축구 선수
لَاعِب مُنْتَصَف	미드필더	مَلْعَب كُرَة الْقَدَم	축구장
حَكَم	심판(주심)	مُبَارَاة وُدِّيَّة	친선경기
حَكَم مُسَاعِد	부심	ضَرْبَة رُكْنِيَّة	코너킥
قَلْب الدِّفَاع	센터 백 (Center Back)	مُخَالَفَة (خَطَأ)	파울(Foul)
دِفَاع	수비	ضَرْبَة(رَكْلَة) جَزَاء	페널티킥
مُدَافِع	수비수	ضَرْبَة(رَكْلَة) حُرَّة	프리킥

2 III형 동사와 동명사

III형 동사의 완료형 어간은 فَاعَلَ 이고 미완료형 어간은 فَاعِلُ 형이다. 미완료형의 주어표지어의 모음은 __ُ 이다. III형 동사의 동명사는 مُفَاعَلَةٌ 형이다.

* شَارَكَ(참가하다) 동사의 미완료 직설법 활용(동명사: مُشَارَكَةٌ)

수 \ 인칭	1인칭	2인칭 여성	2인칭 남성	3인칭 여성	3인칭 남성
단수	أُشَارِكُ	تُشَارِكِينَ	تُشَارِكُ	تُشَارِكُ	يُشَارِكُ
양수		تُشَارِكَانِ		تُشَارِكَانِ	يُشَارِكَانِ
복수	نُشَارِكُ	تُشَارِكْنَ	تُشَارِكُونَ	يُشَارِكْنَ	يُشَارِكُونَ

* سَاعَدَ(도와주다) 동사의 미완료 직설법 활용(동명사: مُسَاعَدَةٌ)

수 \ 인칭	1인칭	2인칭 여성	2인칭 남성	3인칭 여성	3인칭 남성
단수	أُسَاعِدُ	تُسَاعِدِينَ	تُسَاعِدُ	تُسَاعِدُ	يُسَاعِدُ
양수		تُسَاعِدَانِ		تُسَاعِدَانِ	يُسَاعِدَانِ
복수	نُسَاعِدُ	تُسَاعِدْنَ	تُسَاعِدُونَ	يُسَاعِدْنَ	يُسَاعِدُونَ

3 연결형 제1요소에 오는 남성 규칙복수형

남성 규칙복수형 명사는 뒤에 명사 또는 접미인칭대명사가 붙어 연결형의 제1요소로 쓰일 때는 복수형 어미의 نَ 이 탈락된다.

공무원들은 금요일에 4시까지 일한다.

يَعْمَلُ مُوَظَّفُو الْحُكُومَةِ حَتَّى السَّاعَةِ الرَّابِعَةِ يَوْمَ الْجُمْعَةِ.

그 장관은 학교 선생님들과 교육 정책에 관해 논의했다.

بَحَثَ الْوَزِيرُ سِيَاسَةَ التَّعْلِيمِ مَعَ مُدَرِّسِي الْمَدَارِسِ.

그 회사 사장은 공항에서 그의 직원들을 만났다.

قَابَلَ رَئِيسُ الشَّرِكَةِ مُوَظَّفِيهِ فِي الْمَطَارِ.

듣기 (정답은 본문 참조)

1

2

3

4

5

6

7

8

9

10

11

쓰기

1. 나는 한국팀과 중국팀의 축구 경기를 보았습니다.

(مباراة، بين، شاهدتُ، الفريق، كرة القدم ، الكوري، الصيني، والفريق)

2. 우리 팀은 2대 1로 알아흘리팀을 이겼습니다.

(فاز ، الأهلي، على، فريق، مقابل، بـ، هدف واحد، هدفين، فريقنا)

3. 한국 대표팀 선수들이 경기를 잘했습니다.

(لاعبو، كوريا الجنوبية، المباراة، لعب، جيدا، منتخب)

4. 그 한국 선수는 전반전에 두 번째 골을 넣었습니다.

(الشوط، اللاعب، الهدف، في، الأول، سجّل، الثاني، الكوري)

5. 2022 월드컵은 어디에서 개최됩니까?

(أين، ٢٠٢٢، تقام، بطوبة، العالم، لكرة، كأس، القدم)

회화 테스트

1 أي فريق فاز في مباراة كأس العالم لكرة القدم أمس؟

어제 월드컵 경기에서 어느 팀이 이겼습니까?

2 ستكون المباراة بين الفريق الكوري والفريق الصيني ممتعة جدا.

한국팀과 중국팀 간의 경기는 매우 재미있을 것이다.

3 أعرف اللاعب الكوري الذي يلعب في نادي كرة القدم الألمانيّ.

나는 독일의 축구클럽에서 뛰고 있는 한국 선수를 알고 있다.

4 تَأَهَّلَت كوريا الجنوبية واليابان وأستراليا وإيران من البلدان الآسيوية إلى نهائيات كأس العالم ٢٠١٤.

아시아 국가들 중 한국, 일본, 호주, 이란이 2014 월드컵 본선에 진출했다.

5 أتمنى أن يفوز الفريق الكوري على الفريق الإيراني في هذه المباراة.

나는 이번 경기에서 한국팀이 이란팀을 이기기 바라.

연습문제

본문을 듣고 질문에 답하시오.

문제 1 هل فاز الفريق الكوري على الفريق الياباني في المباراة أمس؟

__________ .

문제 2 أي لاعب كوري سجل الهدف الثالث في المباراة؟

__________ .

문제 3 متى ستقام بطولة كأس العالم لكرة القدم في قطر؟

__________ .

문제 4 빈칸에 들어갈 말로 알맞은 것을 고르시오.

A : متى أُقِيمَتْ بُطُولَة كأس العالم لكرة القدم في كوريا الجنوبية واليابان؟

B : عام ٢٠٠٢م. وأقيمت كأس العالم ٢٠٠٢ في قارّة آسيا للمرة الأولى.

A : ما شاء الله! ______ تُقَامُ بُطُولَة كأس العالم لكرة القدم؟

B : تُقَامُ منذ عام ١٩٣٠م وكل أربع سنوات.

① منذ متى ② كم سنة

③ لماذا هي ④ أين كانت

문제 5 빈칸에 들어갈 말로 알맞지 않은 것을 고르시오.

A : ستكون مباراة كرة القدم غدا بين الفريق الكوري والفريق الياباني.

B : يا سلام! أحب مشاهدة مباراة كرة القدم.

A : هل تريد أن تشاهدها معي في بيتي غدا؟

B : نعم. ________.

① فكرة جميلة　② بكلّ سرور

③ سأراك غدا　④ مع الأسف

문제 6-10 밑줄 친 낱말을 복수형으로 변화시키시오.

6 هل تعرف لاعب كرة القدم الذي يلعب في المباراة اليوم؟

7 تعجبني المباراة الممتعة في كأس العالم لكرة القدم.

8 يجتمع السفير مع موظف السفارة يوم الجمعة القادم.

9 مهاجم الفريق الكوري سجّل الهدفين في المباراة النهائية.

10 لعبت اللاعبة الممتازة في مباراة كرة اليد.

제4과

اَلدَّرْسُ الرَّابِعُ : هَلْ يُمْكِنُ أَنْ أَسْتَعِيرَ هَذَا الْكِتَابَ؟

제가 이 책을 대출할 수 있습니까?

학습 목표

- 도서 대출 및 반납 관련 표현하기
- اِسْتَعَارَ(대출하다, 빌리다) 동사 미완료형 활용
- IV형 동사와 동명사
- '~해야 한다'의 표현 이해

어휘

أَسْتَعِيرَ	나는 ~을(를) 대출한다, 빌린다(접속법)
مَجَلَّةٌ (ج. مَجَلَّاتٌ)	잡지
تَسْتَعِيرَ	당신(남)은 ~을(를) 대출한다, 빌린다(접속법)
تُصَوِّرَ	당신(남)은 ~을(를) 복사한다, 사진을 찍는다(접속법)
بَعْضُ	몇몇의, 일부의
دَاخِلَ	~의 내부에, 안에
بِطَاقَةٌ شَخْصِيَّةٌ	신분증
مُدَّةٌ (ج. مُدَدٌ)	기간
اِسْتِعَارَةٌ	대출
تُمَدِّدَ	당신(남)은 늘린다, 연장한다(접속법)
إِرْجَاعٌ	반납, 반환
عَنْ طَرِيقِ	~을 통해서, 거쳐서
مَوْقِعٌ (ج. مَوَاقِعُ)	장소, 위치, 사이트
اَلْإِنْتَرْنِت	인터넷
أُرْجِعُ	나는 ~을(를) 반납한다, 반환한다, 되돌려준다

تُرْجِعَ	당신(남)은 ~을(를) 반납한다. 반환한다, 되돌려준다 (접속법)
طَابِقٌ (ج. طَوَابِقُ)	(건물의) 층

본문

حَمِيدٌ: أُرِيدُ أَنْ أَسْتَعِيرَ هَذِهِ الْمَجَلَّةَ.

مُوَظَّفَةُ الْمَكْتَبَةِ: لَا يُمْكِنُ أَنْ تَسْتَعِيرَ مَجَلَّاتٍ. يُمْكِنُ أَنْ تُصَوِّرَ بَعْضَ صَفَحَاتِهَا دَاخِلَ الْمَكْتَبَةِ.

حَمِيدٌ: كَمْ كِتَابًا يُمْكِنُنِي أَنْ أَسْتَعِيرَ فِي الْمَرَّةِ الْوَاحِدَةِ؟

مُوَظَّفَةُ الْمَكْتَبَةِ: عَشَرَةَ كُتُبٍ.

حَمِيدٌ: هَلْ يُمْكِنُ أَنْ أَسْتَعِيرَ هَذَا الْكِتَابَ؟

مُوَظَّفَةُ الْمَكْتَبَةِ: نَعَمْ. أَعْطِنِي بِطَاقَتَكَ الشَّخْصِيَّةَ، مِنْ فَضْلِكَ.

حَمِيدٌ: هَا هِيَ. وَكَمْ مُدَّةُ الْإِسْتِعَارَةِ؟

مُوَظَّفَةُ الْمَكْتَبَةِ: خَمْسَةَ عَشَرَ يَوْمًا. وَيُمْكِنُ أَنْ تُمَدِّدَ مُدَّتَهَا قَبْلَ يَوْمَيْنِ مِنْ تَارِيخِ الْإِرْجَاعِ عَنْ طَرِيقِ مَوْقِعِ الْإِنْتِرْنِت.

حَمِيدٌ: أَيْنَ أُرْجِعُ الْكِتَابَ؟ هُنَا أَوْ فِي مَكَانٍ آخَرَ؟

مُوَظَّفَةُ الْمَكْتَبَةِ: عَلَيْكَ أَنْ تُرْجِعَ الْكِتَابَ فِي الطَّابِقِ الثَّانِي.

حَمِيدٌ: شُكْرًا جَزِيلًا.

본문해석

하미드 : 저는 이 잡지를 대출하고 싶습니다.

도서관 직원(여) : 잡지들은 대출하실 수 없습니다. 도서관 내에서 일부 페이지들을 복사하실 수 있습니다.

하미드 : 제가 한 번에 몇 권의 책을 대출할 수 있나요?

도서관 직원(여) : 10권입니다.

하미드 : 이 책을 대출할 수 있나요?

도서관 직원(여) : 네. 신분증 주세요.

하미드 : 여기 있습니다. 대출 기간은 어떻게 되나요?

도서관 직원(여) : 15일입니다. 반납일 이틀 전에 인터넷 홈페이지를 통해서 대출 기간을 연장하실 수 있습니다.

하미드 : 제가 어디서 책을 반납하나요? 여기인가요 아니면 다른 곳인가요?

도서관 직원(여) : 2층에서 책을 반납하셔야 합니다.

하미드 : 대단히 감사합니다.

문법설명

1 اِسْتَعَارَ (대출하다, 빌리다) 동사 미완료형 활용(동명사 اِسْتِعَارَة)

수 \ 인칭	1인칭	2인칭 여성	2인칭 남성	3인칭 여성	3인칭 남성
단수	أَسْتَعِيرُ	تَسْتَعِيرِينَ	تَسْتَعِيرُ	تَسْتَعِيرُ	يَسْتَعِيرُ
양수		تَسْتَعِيرَانِ		تَسْتَعِيرَانِ	يَسْتَعِيرَانِ
복수	نَسْتَعِيرُ	تَسْتَعِرْنَ	تَسْتَعِيرُونَ	يَسْتَعِرْنَ	يَسْتَعِيرُونَ

2 IV형 동사와 동명사

IV형 동사는 완료형 어간이 أَ 로 시작하며, 미완료형 어간에서는 أَ 가 나타나지 않는다. IV형 동사 의 완료형 어간은 أَفْعَلَ 형이고 미완료형 어간은 فْعِل 형이다. 미완료형의 주어표지어의 모음은 ___ُ 이다. IV형 동사의 동명사는 إِفْعَالٌ 형이다.

* أَرْجَعَ 동사의 미완료 직설법 활용(동명사: إِرْجَاعٌ)

수 \ 인칭	1인칭	2인칭 여성	2인칭 남성	3인칭 여성	3인칭 남성
단수	أُرْجِعُ	تُرْجِعِينَ	تُرْجِعُ	تُرْجِعُ	يُرْجِعُ
복수	نُرْجِعُ	تُرْجِعْنَ	تُرْجِعُونَ	يُرْجِعْنَ	يُرْجِعُونَ

3 يَجِبُ أَنْ ... + 미완료 접속법 동사

이 표현은 '~해야 한다'의 의미로, يَجِبُ 뒤에는 전치사 عَلَى 와 문장의 의미상 주어인 명사나 접미인칭대명사가 오기도 하며, يَجِبُ 를 생략하여 أَنْ (명사나 접미인칭대명사) + عَلَى 으로 나타내기도 한다.

우리는 3시까지 카페에서 기다려야 합니다.

يَجِبُ(عَلَيْنَا) أَنْ نَنْتَظِرَ فِي الْمَقْهَى حَتَّى السَّاعَةِ الثَّالِثَةِ.

당신(남)은 그 책 전체를 읽어야 합니다.

يَجِبُ عَلَيْكَ أَنْ تَقْرَأَ الْكِتَابَ كُلَّهُ.

나는 내일 아침에 일찍 일어나야 합니다.

عَلَيَّ أَنْ أَسْتَيْقِظَ مِنَ النَّوْمِ مُبَكِّرًا فِي صَبَاحِ الْغَدِ.

4 1-19까지 서수 남성형과 여성형

3에서 10까지의 서수는 동사 원형의 능동분사와 같은 فَاعِلٌ 형태를 취하며, 3격변화한다. 11에서 19까지 서수는 항상 목적격 형태를 취한다.

의미	남성	여성	의미	남성	여성
제1의	اَلْأَوَّلُ	اَلْأُولَى	제11의	اَلْحَادِيَ عَشَرَ	اَلْحَادِيَةَ عَشْرَةَ
제2의	اَلثَّانِي	اَلثَّانِيَةُ	제12의	اَلثَّانِيَ عَشَرَ	اَلثَّانِيَةَ عَشْرَةَ
제3의	اَلثَّالِثُ	اَلثَّالِثَةُ	제13의	اَلثَّالِثَ عَشَرَ	اَلثَّالِثَةَ عَشْرَةَ
제4의	اَلرَّابِعُ	اَلرَّابِعَةُ	제14의	اَلرَّابِعَ عَشَرَ	اَلرَّابِعَةَ عَشْرَةَ
제5의	اَلْخَامِسُ	اَلْخَامِسَةُ	제15의	اَلْخَامِسَ عَشَرَ	اَلْخَامِسَةَ عَشْرَةَ
제6의	اَلسَّادِسُ	اَلسَّادِسَةُ	제16의	اَلسَّادِسَ عَشَرَ	اَلسَّادِسَةَ عَشْرَةَ
제7의	اَلسَّابِعُ	اَلسَّابِعَةُ	제17의	اَلسَّابِعَ عَشَرَ	اَلسَّابِعَةَ عَشْرَةَ
제8의	اَلثَّامِنُ	اَلثَّامِنَةُ	제18의	اَلثَّامِنَ عَشَرَ	اَلثَّامِنَةَ عَشْرَةَ
제9의	اَلتَّاسِعُ	اَلتَّاسِعَةُ	제19의	اَلتَّاسِعَ عَشَرَ	اَلتَّاسِعَةَ عَشْرَةَ
제10의	اَلْعَاشِرُ	اَلْعَاشِرَةُ	제20의	اَلْعِشْرُونَ	اَلْعِشْرُونَ

시각 표현에서 1시는 서수를 쓰지 않고 기수를 사용하여 표현하는데, 1의 기수 형태가 2~10의 서수 형태와 유사하기 때문이다.

1시	3시	11시
اَلسَّاعَةُ الْوَاحِدَةُ	اَلسَّاعَةُ الثَّالِثَةُ	اَلسَّاعَةُ الْحَادِيَةَ عَشْرَةَ

지금 시각은 9시입니다.

اَلسَّاعَةُ الْآنَ التَّاسِعَةُ.

나는 6시 30분에 아침을 먹습니다.

أَتَنَاوَلُ الْفُطُورَ فِي السَّاعَةِ السَّادِسَةِ وَالنِّصْفِ.

나는 보통 7시에 학교에 갑니다.

أَذْهَبُ إِلَى الْمَدْرَسَةِ فِي السَّاعَةِ السَّابِعَةِ عَادَةً.

듣기 (정답은 본문 참조)

1

2

3

4

5

6

7

8

9

10

11

12

13

쓰기

1 당신(여)은 도서관 1층에서 책들을 대출할 수 있습니다.

(تستعيري، يمكن، كتبا، الطابق، في، الأول، أن، بالمكتبة)

2 나는 도서관 내에서 그 잡지의 일부 페이지들을 복사할 것입니다.

(بعض، المجلة، داخل، صفحات، المكتبة، سأصوّر)

3 당신(남)은 인터넷 홈페이지를 통해서 대출 기간을 연장했습니까?

(هل، مدة، مدّدت، عن، موقع، الاستعارة، طريق، الإنترنت)

4 그는 3일 후에 대학 도서관에 책 5권을 반납할 것입니다.

(ثلاثة، خمسة، سيرجع، بعد، أيام، كتب، مكتبة، إلى، الجامعة)

5 하미드는 도서관 직원(여)에게 자신의 신분증을 줍니다.

(حميد، بطاقته، لموظفة، يعطي، المكتبة، الشخصية)

회화 테스트

1. هل يمكن أن أستعير هذه المجلة؟

제가 이 잡지를 대출할 수 있나요?

2. سوف أستعير بعض الكتب في المكتبة الوطنية.

나는 국립도서관에서 책 몇 권을 대출할 것입니다.

3. يمكن أن تستعير الكتب لمدة أسبوعين.

당신(남)은 2주간 책들을 대출할 수 있습니다.

4. ستمدّد فاطمة مدة الاستعارة قبل يومين من تاريخ الإرجاع.

파티마는 반납일 이틀 전에 대출 기간을 연장할 것입니다.

5. في أي طابق علي أن أُرجع هذه الكتب؟

나는 몇 층에서 이 책들을 반납해야 합니까?

연습문제

본문을 듣고 질문에 답하시오.

문제 1 هل يمكن أن يستعير حميد المجلات في المكتبة؟

______________ .

문제 2 كم كتابا يمكن أن يستعير حميد في المرة الواحدة؟

______________ .

문제 3 أين يجب أن يُرجع حميد الكتاب في المكتبة؟

______________ .

문제 4 빈칸에 들어갈 말로 알맞은 것을 고르시오.

A : ______ توجد مجلات علمية؟

B : توجد في الطابق الثالث.

A : هل يمكن أن أستعير هذه المجلة؟

B : لا، لا يمكن أن تستعيرها.

يمكنك تصوير بعض صفحاتها فقط.

① كم مجلة　② ماذا هناك

③ كيف كانت　④ في أي طابق

문제 5 빈칸에 들어갈 말로 알맞은 것을 고르시오.

A : كم مدة الاستعارة؟

B: عشرة أيّام.

A : أين أرجع الكتب؟

B: ______ ترجع الكتب في الطابق الثاني.

① قلت إن　② يجب أن

③ أعرف أن　④ ذكرت أن

문제 6-10 괄호 안의 동사를 알맞은 형태로 바꾸어 쓰시오.

6 هل يمكنني أن ______ سيارتك في نهاية الأسبوع؟ (اِسْتَعَارَ)

7 لم ______ صديقتي لي الفرصة لأشرح الأسباب. (أَعْطَى)

8 سيذهب كريم إلى المكتبة غدا لكي ______ هذه الكتب. (أَرْجَعَ)

9 لا يمكنكِ أن ______ مدّة الخدمة بدون بطاقتكِ الشخصية. (مَدَّدَ)

10 لم أستطع أن ______ أي شيء في المتحف الوطني لأن التصوير كان ممنوعا فيه. (صَوَّرَ)

제5과

اَلدَّرْسُ الْخَامِسُ : اَللُّغَةُ الْعَرَبِيَّةُ هِيَ إِحْدَى اللُّغَاتِ السَّامِيَّةِ

아랍어는 셈어족의 한 언어입니다

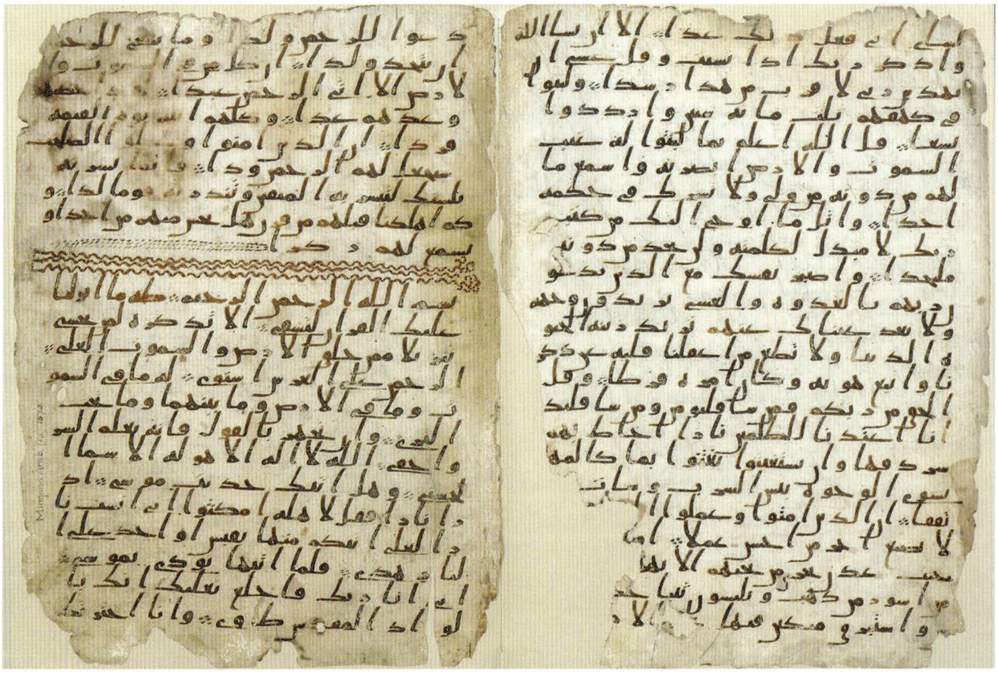

[코란, 위키피디아, Birmingham Quran manuscript]

학습 목표

- 아랍어의 특성 및 위상에 대한 내용 이해하기
- 최상급 표현에 대한 이해
- Ⅹ형 동사와 동명사
- ضَمَّ (~을 포함하다), بَقِيَ (유지되다, 남아있다) 동사 미완료형 활용

어휘

إِحْدَى	~중의 하나(여성형)
سَامِيَّةٌ	셈어계의, 셈족의; 셈어계이다, 셈족이다(여성형)
أَقْدَمُ	가장 오래된, 더 오래된
حَيَّةٌ	살아있는, 생생한; 살아있다(여성형)
حَالِيًّا	현재
أَكْثَرُ مِنْ	~보다 많은, ~이상의
مِلْيُونٌ (ج. مَلَايِينُ)	백(100)만
نَسَمَةٌ	명(인원)
شِبْهُ الْجَزِيرَةِ الْعَرَبِيَّةِ	아라비아반도
شَمَالُ إِفْرِيقِيَا	북아프리카
كَمَا	또한
دِينٌ (ج. أَدْيَانٌ)	종교
يَسْتَخْدِمُ	그는 ~을(를) 사용한다
حَوَالَيْ	대략, 약
مِلْيَارٌ (ج. مِلْيَارَاتٌ)	십(10)억
مُنَظَّمَةُ التَّعَاوُنِ الْإِسْلَامِيِّ	이슬람협력기구(OIC)

تَضُمُّ	그것(여)은 ~을(를) 포함한다
عُضْوٌ (ج. أَعْضَاءٌ)	회원
نَحْوٌ (ج. أَنْحَاءٌ)	방향, 방면
أَصْبَحَتْ	그것(여)은 ~이 되었다
عَصْرٌ (ج. عُصُورٌ)	시대
رَسْمِيَّةٌ	공식의, 공식적인; 공식적이다(여성형)
سِتٌّ	6, 여섯(여성형)
اَلْأُمَمُ الْمُتَّحِدَةُ	국제연합(UN)
تُسْتَخْدَمُ	그것(여)은 사용된다
اَللُّغَةُ الْعَرَبِيَّةُ الْفُصْحَى	표준 아랍어
اَللَّهَجَاتُ الْعَامِّيَّةُ	구어체 방언
تَبْقَى	그것(여)은 남아있다
اِنْتِشَارٌ	전파, 보급
أَوَّلُ (ج. أَوَائِلُ)	첫 번째의, 제1의
قَرْنٌ (ج. قُرُونٌ)	세기
اَلْقُرْآنُ الْكَرِيمُ	코란
صَحَافَةٌ (ج. صَحَافَاتٌ)	언론, 출판계

مُحَاضَرَةٌ (ج. مُحَاضَرَاتٌ)	강의
مُنَاسَبَةٌ (ج. مُنَاسَبَاتٌ)	행사, 경우
أَمَّا... فَـ	~에 대해서 보자면 ~이다
عَامَّةٌ	공공의, 일반적인; 공적이다, 일반적이다(여성형)
هَامَّةٌ	중요한; 중요하다(여성형)
تَحَدُّثٌ	말하기, 대화
تَخْتَلِفُ	그것(여)은 다르다
خَاصَّةٌ بِـ	~에 관련되는, 관계된, 특징이 있는; ~에 관련되다, 관계되다, 특징이 있다(여성형)

본문

اَللُّغَةُ الْعَرَبِيَّةُ هِيَ إِحْدَى اللُّغَاتِ السَّامِيَّةِ وَهِيَ مِنْ أَقْدَمِ اللُّغَاتِ الْحَيَّةِ حَالِيًّا فِي الْعَالَمِ.

وَيَتَحَدَّثُهَا أَكْثَرُ مِنْ ٣٠٠ مِلْيُونِ نَسَمَةٍ فِي شِبْهِ الْجَزِيرَةِ الْعَرَبِيَّةِ وَشَمَالِ إِفْرِيقِيَا.

كَمَا اَنَّ اللُّغَةَ الْعَرَبِيَّةَ هِيَ لُغَةُ الدِّينِ الَّتِي يَسْتَخْدِمُهَا حَوَالَيْ مِلْيَارٍ وَسِتِّمِائَةِ مِلْيُون مُسْلِمٍ فِي مُنَظَّمَةِ التَّعَاوُنِ الإِسْلَامِيِّ، وَهِيَ تَضُمُّ ٥٧ دَوْلَةً عُضْوًا فِي كُلِّ أَنْحَاءِ الْعَالَمِ.

وَأَصْبَحَتِ اللُّغَةُ الْعَرَبِيَّةُ لُغَةً عَالَمِيَّةً فِي الْعَصْرِ الْحَدِيثِ لِأَنَّهَا وَاحِدَةٌ مِنَ اللُّغَاتِ الرَّسْمِيَّةِ السِّتِّ لِلْأُمَمِ الْمُتَّحِدَةِ. وَفِي الْعَالَمِ الْعَرَبِيِّ حَالِيًّا، تُسْتَخْدَمُ اللُّغَةُ الْعَرَبِيَّةُ الْفُصْحَى وَاللَّهَجَاتُ الْعَامِّيَّةُ مَعًا.

تَبْقَى اللُّغَةُ الْعَرَبِيَّةُ الْفُصْحَى عَلَى حَالِهَا حَتَّى الْيَوْمِ أَكْثَرَ مِنْ ١٤٠٠ عَامٍ مُنْذُ انْتِشَارِ الإِسْلَامِ فِي أَوَائِلِ الْقَرْنِ السَّابِعِ. وَذَلِكَ لِأَنَّ الْقُرْآنَ الْكَرِيمَ قَدْ نُزِلَ بِاللُّغَةِ الْعَرَبِيَّةِ وَكُتِبَ بِهَا .

اَللُّغَةُ الْعَرَبِيَّةُ الْفُصْحَى هِيَ اللُّغَةُ الرَّسْمِيَّةُ الَّتِي يَسْتَخْدِمُهَا الْعَرَبُ فِي الْأَدَبِ وَالصَّحَافَةِ وَالْمُحَاضَرَاتِ وَغَيْرِهَا مِنَ الْمُنَاسَبَاتِ الرَّسْمِيَّةِ الْهَامَّةِ. أَمَّا اللَّهَجَاتُ الْعَامِّيَّةُ فَهِيَ لُغَةُ التَّحَدُّثِ فِي الْحَيَاةِ الْيَوْمِيَّةِ، وَتَخْتَلِفُ مِنْ بَلَدٍ إِلَى بَلَدٍ آخَرَ فَلِكُلِّ بَلَدٍ عَرَبِيٍّ لَهْجَةٌ خَاصَّةٌ بِهِ.

본문해석

아랍어는 셈어족의 하나이며, 세계에서 현존하는 가장 오래된 언어 중의 하나이다.
아라비아반도와 북아프리카의 3억 명 이상이 아랍어를 말한다.
또한 아랍어는 전 세계 57개국의 회원국을 포함하는 이슬람협력기구(OIC)의 약 16억 무슬림들이 사용하는 종교 언어이기도 하다.
아랍어는 현대 시대에 세계적인 언어가 되었는데, 유엔의 6대 공용어 중 하나이기 때문이다.
오늘날 아랍 세계에서는 문어체 표준 아랍어와 구어체 방언들이 함께 사용된다.
문어체 표준 아랍어는 7세기 초 이슬람이 전파된 이후로 1400년이 지난 지금까지 그 상태로 유지되고 있는데, 이는 코란이 아랍어로 계시되었고 기록되었기 때문이다.
문어체 표준 아랍어는 아랍인들이 문학, 언론, 강의, 그 외 중요한 공식 행사에서 사용하는 공식 언어이다. 그리고 구어체 방언은 일상생활의 회화 언어이다. 그것은 나라마다 다르며, 각 아랍 국가에는 고유의 구어체 방언이 있다.

문법설명

1 최상급 표현

최상급 표현은 أَفْعَلُ 형태 뒤에 비한정 단수 소유격 명사가 오거나 한정 복수 소유격 명사가 올 수 있으며, 최상급 형용사가 명사를 수식할 때에는 남성형은 الْأَفْعَلُ형, 여성형은 الْفُعْلَى 형으로 하여 수식하는 명사에 성을 일치시킨다.

서울은 한국에서 가장 큰 도시이다

سِيوُل أَكْبَرُ مَدِينَةٍ فِي كُورِيَا.

메카의 알하람 사원은 세계에서 가장 유명한 사원들 중 하나이다.

اَلْمَسْجِدُ الْحَرَامُ فِي مَكَّةَ مِنْ أَشْهَرِ الْمَسَاجِدِ فِي الْعَالَمِ.

아흐마드는 우리 학교에서 제일 키가 큰 학생이다.

أَحْمَدُ هُوَ الطَّالِبُ الْأَطْوَلُ فِي مَدْرَسَتِنَا.

나는 나의 맏언니와 음악회에 갈 것이다.

سَأَذْهَبُ مَعَ أُخْتِي الْكُبْرَى إِلَى الْعَرْضِ الْمُوسِيقِيِّ.

2 X형 동사와 동명사

X형 동사는 완료형 어간이 سْتَفْعَل 형이고, 미완료형 어간에서는 سْتَفْعِل 형이다. 미완료형의 주어표지어의 모음은 ___َ 이다. X형 동사의 동명사는 اِسْتِفْعَالٌ 형이다. اِسْتَخْدَمَ 동사 미완료형 능동태는 تَسْتَخْدِمُ (사용한다(3인칭 여성단수)), 미완료형 수동태의 경우 주어표지어가 ___ُ 이되어 تُسْتَخْدَمُ (그것(여성)이 사용된다)가 된다 【10과 문법 설명 참조】

* اِسْتَخْدَمَ 동사의 미완료 직설법 활용(동명사: اِسْتِخْدَامٌ)

수 \ 인칭	1인칭	2인칭 여성	2인칭 남성	3인칭 여성	3인칭 남성
단수	أَسْتَخْدِمُ	تَسْتَخْدِمِينَ	تَسْتَخْدِمُ	تَسْتَخْدِمُ	يَسْتَخْدِمُ
양수		تَسْتَخْدِمَانِ		تَسْتَخْدِمَانِ	يَسْتَخْدِمَانِ
복수	نَسْتَخْدِمُ	تَسْتَخْدِمْنَ	تَسْتَخْدِمُونَ	يَسْتَخْدِمْنَ	يَسْتَخْدِمُونَ

* اِسْتَطَاعَ 동사의 미완료 직설법 활용(동명사: اِسْتِطَاعَةٌ)

수 \ 인칭	1인칭	2인칭 여성	2인칭 남성	3인칭 여성	3인칭 남성
단수	أَسْتَطِيعُ	تَسْتَطِيعِينَ	تَسْتَطِيعُ	تَسْتَطِيعُ	يَسْتَطِيعُ
양수		تَسْتَطِيعَانِ		تَسْتَطِيعَانِ	يَسْتَطِيعَانِ
복수	نَسْتَطِيعُ	تَسْتَطِعْنَ	تَسْتَطِيعُونَ	يَسْتَطِعْنَ	يَسْتَطِيعُونَ

3 ضَمَّ (~을 포함하다) 동사 미완료형 활용(동명사: ضَمٌّ)

수 \ 인칭	1인칭	2인칭 여성	2인칭 남성	3인칭 여성	3인칭 남성
단수	أَضُمُّ	تَضُمِّينَ	تَضُمُّ	تَضُمُّ	يَضُمُّ
양수		تَضُمَّانِ		تَضُمَّانِ	يَضُمَّانِ
복수	نَضُمُّ	تَضْمُمْنَ	تَضُمُّونَ	يَضْمُمْنَ	يَضُمُّونَ

4 بَقِيَ (유지되다, 남아있다) 동사 미완료형 활용(동명사: بَقَاءٌ)

수 \ 인칭	1인칭	2인칭 여성	2인칭 남성	3인칭 여성	3인칭 남성
단수	أَبْقَى	تَبْقَيْنَ	تَبْقَى	تَبْقَى	يَبْقَى
양수		تَبْقَيَانِ		تَبْقَيَانِ	يَبْقَيَانِ
복수	نَبْقَى	تَبْقَيْنَ	تَبْقَوْنَ	يَبْقَيْنَ	يَبْقَوْنَ

듣기 (정답은 본문 참조)

1

2

3

4

5

6

7

8

9

10

11

12

13

쓰기

1. 아랍어는 유엔의 6대 공용어 중 하나입니다.

(العربية، إحدى، الست، اللغات، للأمم المتحدة ، اللغة، الرسمية)

2. 왜냐하면 코란이 아랍어로 계시되었고 기록되었기 때문입니다.

(القرآن الكريم، العربية، وكتب، لأن، بها، بـ، اللغة، نزل)

3. 이슬람협력기구는 전 세계 57개국의 회원국을 포함합니다.

(أنحاء، منظمة، تضمّ، التعاون، ٥٧، عضوا، كل، دولة، في، العالم، الإسلامي)

4. 각 아랍 국가에는 고유의 방언이 있습니다.

(عامية، لكل، خاصة، به، عربي، بلد، لغة)

5. 아랍인들은 중요한 공식 행사에서 표준 아랍어를 사용합니다.

(العرب، العربية، في، الهامّة، يستخدم، المناسبات، اللغة، الرسمية، الفصحى)

회화 테스트

1 اللغة العربية من أقدم اللغات الحية حاليا في العالم.

아랍어는 세계에서 현존하는 가장 오래된 언어 중 하나입니다.

2 كما أنّ اللغة العربية هي لغة الدين التي يستخدمها حَوَالَيْ مِلْيَارٍ وَسِتِّمِائَةِ مِلْيُون مُسْلِمٍ.

또한 아랍어는 약 16억 무슬림들이 사용하는 종교 언어입니다.

3 انتشرت اللغة العربية الفصحى مع ظهور الإسلام.

표준 아랍어는 이슬람의 출현과 함께 전파되었습니다.

4 أصبحت اللغة العربية لغة عالمية في العصر الحديث.

아랍어는 현대 시대에 세계적인 언어가 되었습니다.

5 اللهجات العامية هي اللغة التي يستخدمها العرب في الحياة اليومية.

구어체 방언은 아랍인들이 일상생활에서 사용하는 언어입니다.

연습문제

본문을 듣고 질문에 답하시오.

문제 1 هل اللغة العربية من اللغات الحامية؟

__________ .

문제 2 كم عدد المسلمين الذين يستخدمون اللغة العربية كلغة الدين في العالم؟

__________ .

문제 3 هل تختلف اللهجات العامية من بلد إلى بلد آخر؟

__________ .

문제 4 빈칸에 들어갈 말로 알맞은 것을 고르시오.

A : ما هي اللهجات العامية؟

B : هي اللغة التي يستخدمها العرب في الحياة اليومية.

A : هل ______ اللهجات العامية من بلد إلى بلد آخر؟

B : نعم. لكل بلد عربي لهجة خاصة به.

① تعتبر　② تنتقل

③ تجتمع　④ تختلف

문제 5 빈칸에 들어갈 말로 알맞은 것을 고르시오.

A : ما رأيكَ في الذهاب إلى سوق "نام داي مون"؟

B : فكرة جميلة! سمعت أنها سوق تقليدية مشهورة في كوريا.

A : صحيح. هي من ______ الأسواق التقليدية في كوريا.

B : إذن، هيا نذهب بسرعة.

① كبرى ② أصفر

③ أشهر ④ صغرى

문제 6 빈칸에 들어갈 말로 알맞은 것을 보기에서 골라 적으시오.

أَنْ أَنَّهَا لِأَنَّ أَنَّ إِحْدَى أَحَدُ

الأستاذ : أنت تكتب اللغة العربية جيدا.

هيون سو : شكرا. أحب ① أكتب اللغة العربية ② خطّها جميل.

الأستاذ : ممتاز. اللغة العربية أصبحت لغة عالمية.

هيون سو : نعم. سمعت ③ الآن ④ اللغات الرسمية للأمم المتحدة.

문제 7-8 빈칸에 들어갈 말로 알맞은 것을 고르시오.

7 تعلّمت اللغة العربية الفصحى ______ يستخدمها العرب في كل الميادين الرسمية والثقافية.

① الذي ② التي

③ اللذين ④ اللواتي

8 يتحدث اللغة العربية ______ ٣٠٠ مليون نسمة في شبه الجزيرة وشمال إفريقيا.

① أكثر من ② أجمل في

③ أجدّ عن ④ أصغر من

문제 9-11 괄호 안의 동사를 알맞은 형태로 바꾸어 쓰시오.

9 جامعة الدول العربيّة هي منظمة خاصة ______ ٢٢ دولة في آسيا وإفريقيا. (ضَمَّ)

10 سـ ______ هناك حتى الليل، لو كنتُ مكانكَ. (بَقِيَ)

11 ______ اللُّغَةُ الْعَرَبِيَّةُ الْفُصْحَى وَاللَّهَجَاتُ الْعَامِّيَّةُ مَعًا فِي الْعَالَمِ الْعَرَبِيِّ. (استخدم)

제6과

اَلدَّرْسُ السَّادِسُ : رِسَالَةٌ إِلَى بَاسِمٍ

바심에게 보내는 편지

학습 목표

- 편지에 사용되는 관용적인 표현 이해
- 소망, 바람을 나타내는 구문 이해
- 동사의 미래시제 부정에 대한 이해
- 관계대명사 용법에 대한 이해

어휘

يُولْيُو	7월
عَزِيزٌ (ج. أَعِزَّاءُ)	친애하는
تَحِيَّةٌ (ج. تَحِيَّاتٌ)	인사
عَوْدَةٌ	돌아옴
خَالِصٌ	진실한, 진심 어린
شُكْرٌ	감사
تَقْدِيرٌ (ج. تَقْدِيرَاتٌ)	감사, 평가
ضِيَافَةٌ	손님 대접, 환대
أَثْنَاءَ	~하는 동안에
سُوسَةُ	수스(Sousse, 튀니지 도시)
اَلْحَمَّامَاتُ	함마메트(Hammamet, 튀니지 도시)
بِفَضْلِ	~덕분에, 덕택에
لَنْ	미래 부정사
أَنْسَى	나는 ~을(를) 잊는다(접속법)
قَضَيْنَا	우리는 (시간을) 보냈다

أَرْجُو	나는 ~을(를) 바란다, 희망한다
تُبَلِّغَ	당신(남)은 ~을(를) 전한다(접속법)
سَلَامٌ	평화, 인사, 안부
خَاصٌّ	특별한; 특별하다
طَبَخَتْ	그녀는 요리했다
تَقُومُ بِـ ...	당신(남)은 ~을(를) 한다
وَعَدْتَ	당신(남)은 약속했다
مُتَأَكِّدٌ	확실한; 확실하다

본문

سِيُول فِي ٢٥ (الْخَامِسِ وَالْعِشْرِينَ) مِنْ يُولْيُو ٢٠١٩م.

عَزِيزِي بَاسِمٌ،

تَحِيَّةً طَيِّبَةً وَبَعْدُ،
أَكْتُبُ لَكَ هَذِهِ الرِّسَالَةَ بَعْدَ عَوْدَتِي مِنْ تُونِسَ. وَأُرِيدُ أَنْ أُقَدِّمَ لَكَ خَالِصَ شُكْرِي وَتَقْدِيرِي لِضِيَافَتِكَ الْكَرِيمَةَ أَثْنَاءَ زِيَارَتِي لِبَلَدِكَ.
إِنَّنِي قَضَيْتُ الْأَيَّامَ الْمُمْتِعَةَ فِي مَدِينَةِ تُونِسَ وَسُوسَةَ وَالْحَمَّامَاتِ بِفَضْلِكَ.
كَانَ اللِّقَاء مَعَكَ فُرْصَةً ثَمِينَةً بِالنِّسْبَةِ لِي، وَلَنْ أَنْسَى الْأَيَّامَ الْجَمِيلَةَ الَّتِي قَضَيْنَاهَا مَعًا.
أَرْجُو أَنْ تُبَلِّغَ سَلَامِي الْخَاصَّ لِوَالِدَتِكَ الَّتِي قَدْ طَبَخَتْ لَنَا أَطْعِمَةً تُونِسِيَّةً لَذِيذَةً.
وَعَلَيْكَ أَنْ تَقُومَ بِزِيَارَةِ كُورِيَا فِي الْخَرِيفِ الْقَادِمِ كَمَا وَعَدْتَنِي.
وَأَنَا مُتَأَكِّدٌ أَنَّكَ تُحِبُّ فَصْلَ الْخَرِيفِ فِي كُورِيَا.
سَلَامِي إِلَى الْعَائِلَةِ وَالْأَصْدِقَاءِ.

صَدِيقُكَ الْمُخْلِصُ
يُونْغ جِين

본문해석

2019년 7월 25일 서울

사랑하는 바심에게

인사를 전하며,

나는 튀니지에서 돌아온 이후에 이 편지를 너에게 쓰고 있어. 너의 나라를 방문하는 동안에 베풀어준 환대에 대해 깊은 감사와 고마움을 전하고 싶어.
나는 네 덕분에 튀니지와 수스, 함마메트에서 즐거운 날들을 보냈어.

너를 만난 것은 나에게 소중한 기회였어. 우리가 함께 보낸 아름다운 날들을 잊지 않을 거야.
우리를 위해 맛있는 튀니지 음식들을 요리해 주신 너희 어머니께 특별한 안부를 전해 주기 바래.
네가 내게 약속하였듯이 오는 가을에 한국을 꼭 방문해야 해.
나는 네가 한국의 가을을 좋아할 것이라고 확신한단다.
가족과 친구들에게 안부 전해줘.

너의 진실한 친구
영진이로부터

문법설명

1 편지에 사용되는 관용 표현

〈보기〉	
عَزِيزِي(عَزِيزَتِي)	나의 친애하는….(편지의 서두에서 상대방을 부를 때 관용적으로 쓰는 표현)
تَحِيَّةً طَيِّبَةً وَبَعْدُ / بَعْدَ التَّحِيَّةِ وَالسَّلَامِ	인사를 전하며(편지의 서두에서 관용적으로 사용하는 인사)
سَلَامِي إِلَى ... / سَلِّمْ(سَلِّمِي) لِي عَلَى ...	…에게 나의 안부를 전해주세요.
وَتَفَضَّلُوا بِقُبُولِ فَائِقِ الْاِحْتِرَامِ / مَعَ خَالِصِ تَحِيَّاتِي وَتَمَنِّيَاتِي / مَعَ أَطْيَبِ التَّمَنِّيَاتِ	편지의 말미에서 관용적으로 사용하는 인사
اَلْمُخْلِصُ(اَلْمُخْلِصَةُ)	'신실한, 진실한'의 의미로 편지의 마지막에 사용되는 표현

2 '소망, 바람'의 표현

아랍어에는 소망이나 바람을 나타내는 다양한 아랍어 구문들이 있으며, 동사로는 تَمَنَّى , رَغِبَ فِي , أَمَلَ , رَجَا 등이 자주 사용된다.

나는 당신들이 건강하기를 바랍니다.

أَرْجُو أَنْ تَكُونُوا بِصِحَّةٍ جَيِّدَةٍ.

당신의 사업이 성공하시길 바랍니다.

أَتَمَنَّى أَنْ تَنْجَحَ فِي أَعْمَالِكَ.

그는 내년에 공부를 끝마치기를 갈망합니다.

يَرْغَبُ فِي أَنْ يُكْمِلَ دِرَاسَتَهُ فِي الْعَامِ الْقَادِمِ.

나는 당신을 곧 볼 수 있기를 희망합니다.

آمُلُ أَنْ أَرَاكَ قَرِيبًا.

3 ... بِفَضْلِ : ~ 덕분에, 덕택에

나는 당신들 덕분에 여기에 있습니다.

أَنَا هُنَا بِفَضْلِكُمْ.

나는 내 어머니의 도움 덕분에 시험에 합격했습니다.

نَجَحْتُ فِي الْاِمْتِحَانِ بِفَضْلِ مُسَاعَدَةِ أُمِّي.

4 동사의 미래시제 부정

'~하지 않을 것이다'라는 의미의 미래 시제 부정을 표현하기 위해서는 لَنْ 뒤에 미완료 접속법 동사를 사용하여 나타낸다.

나는 그와 함께 병원에 가지 않을 것입니다.

لَنْ أَذْهَبَ مَعَهُ إِلَى الْمُسْتَشْفَى.

그 관광객들은 내일 우마이야 사원을 방문하지 않을 것입니다.

لَنْ يَزُورَ السُّيَّاحُ الْجَامِعَ الْأُمَوِيَّ غَدًا.

5 관계대명사

관계대명사에는 남성형 단수 اَلَّذِي와 여성형 단수 اَلَّتِي, 남성형 양수 اَللَّذَانِ (اَللَّذَيْنِ) , 여성형 양수 اَللَّتَانِ (اَللَّتَيْنِ) , 남성형 복수 اَلَّذِينَ, 여성형 복수 اَللَّائِي/اَللَّاتِي/اَللَّوَاتِي 가 있다. 관계대명사 앞에는 한정 상태의 선행사가 오며, 선행사의 성에 따라 남성형, 또는 여성형을 사용한다. 관계대명사 절의 주어가 선행사와 일치하지 않을 경우 선행사는 관계대명사 절에서 반드시 대명사로 표시해 주어야 한다.

아랍어를 공부하는 그 여학생을 아십니까?

هَلْ تَعْرِفُ الطَّالِبَةَ الَّتِي تَدْرُسُ اللُّغَةَ الْكُورِيَّةَ؟

나는 이 회사에서 일하는 직원과 회의를 할 것이다.

سَأَجْتَمِعُ مع الْمُوَظَّف الَّذِي يَعْمَلُ فِي هَذِهِ الشَّرِكَةِ.

이것이 바로 내가 이집트에서 찍은 사진들입니다.

هَذِهِ هِيَ الصُّوَرُ الَّتِي أَخَذْتُهَا فِي مِصْرَ.

이 두 분이 바로 그 유명한 소설을 쓰신 그 두 작가이십니다.

هَذَانِ هُمَا الْكَاتِبَانِ اللَّذَانِ كَتَبَا الْقِصَّةَ الْمَشْهُورَةَ.

이 두 분(여)이 바로 내가 어제 만났던 교수님 두 분이십니다.

هَاتَانِ هُمَا الْأُسْتَاذَتَانِ اللَّتَانِ قَابَلْتُهُمَا أمس.

이분들이 바로 최근에 임명된 새 교수님들이다.

هَؤُلَاءِ هُمُ الْأَسَاتِذَةُ الْجُدُدُ الَّذِينَ تَمَّ تَعْيِينُهُمْ مُؤَخَّرًا.

이 학원에서 공부하는 여학생들은 나의 친구들입니다.

اَلْبَنَاتُ اللَّوَاتِي يَدْرُسْنَ فِي هَذَا الْمَعْهَدِ هُنَّ صَدِيقَاتِي.

듣기 (정답은 본문 참조)

1

2

3

4

5

6

7

8

9

10

11

12

쓰기

1. 내가 당신의 나라를 방문하는 동안에 베풀어주신 환대에 감사드립니다.

(أشكرك، لبلدك، ضيافتك، على، أثناء، زيارتي، الكريمة)

2. 나는 당신에게 감사와 고마움을 전하기 위해 이 편지를 씁니다.

(الرسالة، لأقدّم، وتقديري، هذه، أكتب، لك، شكري)

3. 나는 모로코에서 보냈던 아름다운 날들을 잊지 않을 것입니다.

(أنسى، المغرب، الجميلة، لن، التي، في، قضيتها، الأيام)

4. 나의 특별한 안부를 당신의 친구들에게 전해주길 바랍니다.

(الخاصّ، أن، لأصدقائك، أرجو، سلامي، تبلّغ)

5. 당신(남)은 한국에서 우리와 함께 겨울 방학을 보내야 합니다.

(تقضي، الشتوية، معنا، عليك، كوريا، في، أن، العطلة)

회화 테스트

1 لماذا تكتبين هذه الرسالة لصديقتك بعد عودتك من مسقط؟

당신(여)은 왜 무스카트에서 돌아온 후에 친구에게 이 편지를 씁니까?

2 أنا متأكّدة أنّكِ ستحبّين أطعمة كورية.

나는 당신(여)이 한국 음식들을 좋아할 것이라고 확신합니다.

3 وعدني صديقي بأن يقوم بزيارة كوريا في الشهر القادم.

나의 친구는 다음 달에 한국을 방문하기로 나에게 약속하였습니다.

4 إننا قضينا الأيام الممتعة في سوسة بفضلكم.

우리는 당신들 덕분에 수스에서 즐거운 날들을 보냈습니다.

5 نرجو أن تبلّغ شكرنا لجدّتك التي طبخت لنا طعاما لذيذا.

우리에게 맛있는 음식을 요리해주신 당신(남)의 할머니께 우리의 감사함을 전해주기 바랍니다.

연습문제

본문을 듣고 질문에 답하시오.

문제 1 إلى من يكتب يونغ جين رسالة الشكر؟

______ .

문제 2 أين قضى يونغ جين الأيّام الممتعة؟

______ .

문제 3 بماذا وعد باسم ليونغ جين؟

______ .

문제 4 빈칸에 들어갈 말로 알맞지 않은 것을 고르시오.

A : متى ستعودين إلى كوريا من الإمارات يا أميرة؟

B : سأعود بعد أسبوع.

A : أنا مشتاق إليك. ______ قريبا في كوريا.

B : لنلتق بعد أسبوع، إن شاء الله.

① آمل أن أقابلك
② أريد أن يعجبني
③ أرجو أن نلتقي
④ أتمنّى أن أراك

문제 5 빈칸에 들어갈 말로 알맞은 것을 고르시오.

A : آلو. وصلت إلى القاهرة بسلامة يا والدي.

B : الحمد لله على السلامة. هل أنت بصحة جيدة؟

A : نعم. أنا بصحة جيدة. أرجو أن ______ سلامي لوالدتي.

B : نعم. اتّصل بي هاتفيا مرّة أخرى.

① تبلّغ ② تطبخ

③ تنسى ④ تقضي

문제 6-10 빈칸에 알맞은 관계대명사를 쓰시오.

6 لن أنسى الأطعمة اللذيذة ______ طبختها والدتك لنا.

7 تحدّثت مين جي مع الطالبات المصريات ______ يدرسن اللغة الكورية.

8 هذا هو الفندق ______ أقام المدرسون فيه أثناء زيارتهم لتونس.

9 الموظفون ______ يعملون في هذه الشركة هم أصدقائي

10 أريد أن أزور في الشهر القادم عمّان ______ يعيش أستاذي الأردني فيها.

제7과

اَلدَّرْسُ السَّابِعُ : نَحْتَاجُ إِلَى سَيَّارَةِ إِسْعَافٍ

우리는 구급차가 필요합니다

학습 목표

- 응급 상황 관련 표현하기
- اِحْتَاجَ إِلَى (~이 필요하다) 동사 미완료형
- 관계대명사의 생략에 대한 이해
- أَصَابَ 동사의 수동태 완료형 활용

어휘

نَحْتَاجُ إِلَى	우리는 ~이 필요하다
سَيَّارَةُ إِسْعَافٍ	구급차
طَارِئَةٌ (ج. طَوَارِئُ)	응급의 일, 비상
تَتَّصِلُ	당신(남)은 연락한다
أَتَّصِلُ	나는 연락한다
بِجِوَارِ	~옆에, 근처에, 가까이에
مَيْدَانُ التَّحْرِيرِ	타흐리르 광장
وَجَدْنَا	우리는 ~을(를) 찾았다, 발견했다
وَقَعَ عَلَى الْأَرْضِ	그는 넘어졌다
أُصِيبَ بِـ	그는 ~을(를) 당했다, (병에) 걸렸다
جُرْحٌ (ج. جِرَاحٌ، جُرُوحٌ)	상처
رِجْلٌ (ج. أَرْجُلٌ)	다리
يُمْنَى	오른쪽의(여)
يَتَنَفَّسُ	그는 숨 쉰다, 호흡한다
يَبْدُو أَنَّ	~인 것 같다, ~처럼 보인다

يَتَحَرَّكُ	그는 움직인다
يَقُومُ بِـ	그는 ~을(를) 한다
تَنَفُّسٌ اصْطِنَاعِيٌّ	인공호흡
نَطْلُبُ	우리는 ~을(를) 요청한다, 부탁한다
تُرْسِلُوا	당신들(남)은 ~을(를) 보낸다(접속법)
بِأَسْرَعِ وَقْتٍ مُمْكِنٍ	가능한 한 빨리(빠른 시간에)
نُرْسِلُ	우리는 ~을(를) 보낸다
فَوْرًا	즉시
اِنْتِظَارٌ	기다림
حَتَّى	~까지
تَصِلَ	그것(여)이 도착하다(접속법)
حَادِثٌ، حَادِثَةٌ (ج. حَوَادِثُ)	사건, 사고

본문

مُوَظَّفَةُ مَرْكَزِ الطَّوَارِئِ: آلُو، هُنَا مَرْكَزُ الطَّوَارِئِ. مَاذَا حَدَثَ؟

كَرِيمٌ: نَحْتَاجُ إِلَى سَيَّارَةِ إِسْعَافٍ .

مُوَظَّفَةُ مَرْكَزِ الطَّوَارِئِ: مِنْ أَيْنَ تَتَّصِلُ بِنَا؟

كَرِيمٌ: أَتَّصِلُ بِكُمْ أَمَامَ مَكْتَبَةِ "اَلْبَلَدُ" بِجِوَارِ مَيْدَانِ التَّحْرِيرِ.

مُوَظَّفَةُ مَرْكَزِ الطَّوَارِئِ: مَا هِيَ الْمُشْكِلَةُ؟

كَرِيمٌ: وَجَدْنَا رَجُلًا وَقَعَ عَلَى الْأَرْضِ وَهُوَ أُصِيبَ بِجِرَاحٍ فِي رِجْلِهِ الْيُمْنَى.

مُوَظَّفَةُ مَرْكَزِ الطَّوَارِئِ: هَلْ يَتَنَفَّسُ الْآنَ؟

كَرِيمٌ: لَا. يَبْدُو أَنَّهُ لَا يَتَنَفَّسُ. وَهُوَ لَا يَتَحَرَّكُ الْآنَ. صَدِيقِي يَقُومُ بِالتَّنَفُّسِ الْاِصْطِنَاعِيِّ لَهُ. نَطْلُبُ مِنْكُمْ أَنْ تُرْسِلُوا لَنَا سَيَّارَةَ إِسْعَافٍ بِأَسْرَعِ وَقْتٍ مُمْكِنٍ.

مُوَظَّفَةُ مَرْكَزِ الطَّوَارِئِ: سَنُرْسِلُ لَكُمْ سَيَّارَةَ إِسْعَافٍ فَوْرًا.

كَرِيمٌ: شُكْرًا. سَنَكُونُ بِانْتِظَارِكُمْ حَتَّى تَصِلَ سَيَّارَةُ الإِسْعَافِ إِلَى مَكَانِ الْحَادِثِ.

본문해석

응급센터 직원 : 여보세요, 여기는 응급센터입니다. 무슨 일이신가요?

카림 : 우리는 구급차가 필요해요.

응급센터 직원 : 어디서 연락하시는 건가요?

카림 : 타흐리르 광장 근처에 있는 "알발라드" 서점 앞에서 연락하고 있어요.

응급센터 직원 : 문제가 무엇입니까?

카림 : 우리는 쓰러져있는 남자를 발견했는데, 그는 오른쪽 다리에 부상을 입었어요.

응급센터 직원 : 그가 지금 호흡을 하고 있나요?

카림 : 아니요. 그는 숨을 쉬고 있지 않은 것 같아요. 지금 움직이지 않고 있어요. 제 친구가 그에게 인공호흡을 하고 있어요. 가능한 한 빨리 구급차를 보내주시기를 부탁드려요.

응급센터 직원 : 우리는 즉시 구급차를 보내드리겠습니다.

카림 : 감사합니다. 구급차가 사고 현장에 도착할 때까지 기다리겠습니다.

문법설명

1 احْتَاجَ إِلَى ...(~이 필요하다) 동사 미완료형 활용

수 \ 인칭	1인칭	2인칭 여성	2인칭 남성	3인칭 여성	3인칭 남성
단수	أَحْتَاجُ	تَحْتَاجِينَ	تَحْتَاجُ	تَحْتَاجُ	يَحْتَاجُ
양수		تَحْتَاجَانِ		تَحْتَاجَانِ	يَحْتَاجَانِ
복수	نَحْتَاجُ	تَحْتَجْنَ	تَحْتَاجُونَ	يَحْتَجْنَ	يَحْتَاجُونَ

2 관계대명사의 생략

관계대명사는 선행사가 한정인 경우에만 쓰이고, 비한정인 경우에는 생략된다.

화요일에 제다에서 출발하는 항공편이 있습니다.

هُنَاكَ طَيَرَانٌ يُغَادِرُ جُدَّةَ يَوْمَ الثُّلَاثَاءِ.

나는 낭만적인 사랑에 관한 시들을 쓴 한 여류시인을 만났습니다.

قَابَلْتُ شَاعِرَةً كَتَبَتِ الْأَشْعَارَ عَنْ الْحُبِّ الرُّومَانْسِيِّ.

3 أُصِيبَ بِـ ... (~을 당했다, (병에) 걸렸다) 동사 완료형 활용

أَصَابَ 동사는 '부딪치다, 피해를 입히다'의 의미로 수동태 완료형으로 بِـ 와 함께 사용하는 경우 '~을 당했다, (병에) 걸렸다, 앓았다'의 의미가 된다. أَصَابَ 동사의 수동태 완료형 활용은 다음과 같다.

수 \ 인칭	1인칭	2인칭 여성	2인칭 남성	3인칭 여성	3인칭 남성
단수	أُصِبْتُ	أُصِبْتِ	أُصِبْتَ	أُصِيبَتْ	أُصِيبَ
양수		أُصِبْتُمَا		أُصِيبَتَا	أُصِيبَا
복수	أُصِبْنَا	أُصِبْتُنَّ	أُصِبْتُم	أُصِبْنَ	أُصِيبُوا

어제 발생한 교통사고로 5명의 시민이 부상을 입었다.

أُصِيبَ خَمْسَةُ مُوَاطِنِينَ بِجِرَاحٍ فِي حَادِثِ الْمُرُورِ الَّذِي وَقَعَ أَمْسِ.

내가 지난겨울에 독감에 걸렸을 때 그 주 내내 약을 먹었다.

عِنْدَمَا أُصِبْتُ بِالْإِنْفلُوَنْزَا فِي الشِّتَاءِ الْمَاضِي، أَخَذْتُ الْأَدْوِيَةَ طُول الْأُسْبُوعِ.

4 بِأَسْرَعِ وَقْتٍ مُمْكِنٍ : 가능한 한 빠른 시간에

'가능한 한 빨리'의 의미로 이 외에도 بِأَسْرَعِ مَا يُمْكِنُ , فِي أَقْرَبِ وَقْتٍ مُمْكِنٍ 등을 사용할 수 있다.

나는 가능한 한 빠른 시간에 당신을 만나고 싶습니다.

أُرِيدُ أَنْ أُقَابِلَكَ بِأَسْرَعِ وَقْتٍ مُمْكِنٍ.

나는 가능한 한 빨리 사장님에게 연락하겠습니다.

سَأَتَّصِلُ بِمُدِيرِ الشَّرِكَةِ بِأَسْرَعِ مَا يُمْكِنُ.

그는 가능한 한 빠른 시간에 입국 비자가 필요합니다.

يَحْتَاجُ إِلَى تَأْشِيرَةِ دُخُولٍ فِي أَقْرَبِ وَقْتٍ مُمْكِنٍ.

듣기 (정답은 본문 참조)

1

2

3

4

5

6

7

8

9

10

11

12

13

쓰기

1 한 팔레스타인 청년이 폭탄 폭발 후 심각한 부상을 입었다.

(شابّ، بجراح، بعد، أصيب، خطيرة، قنبلة، فلسطيني، انفجار)

2 어느 병원이 24시간 응급 서비스를 제공합니까?

(مستشفى، خدمة، ساعة، ٢٤، أي، يقدّم، لمدة، الطوارئ)

3 그 환자는 움직일 수 없고 쉽게 숨을 쉴 수 없습니다.

(ويتنفس، بسهولة، أن، المريض، يتحرك، يستطيع، لا)

4 나는 사고 현장에서 구급차를 기다리겠습니다.

(سأكون، سيارة، الحادث، في، بانتظار، إسعاف، مكان)

5 우리는 가능한 한 빨리 구급차를 보내드리겠습니다.

(سيارة، بأسرع، لكم، إسعاف، وقت، سنرسل، ممكن)

회화 테스트

1 اِتَّصِلْ بطبيب الطوارئ، من فضلك.

응급실 의사에게 연락해주세요.

2 وجدتُ بنتا أُصيبت بجراح في قدمها اليسرى.

나는 왼발에 부상을 입은 한 소녀를 발견했습니다.

3 أطلب منكم أن ترسلوا سيارة شرطة إلى فندق "هيلتون".

나는 당신들에게 힐튼호텔로 경찰차를 보내주실 것을 요청합니다.

4 تصل سيارة الإسعاف إلى مكان الحادث وتنقل المريض إلى المستشفى.

구급차가 사고 현장에 도착하여 환자를 병원으로 이송합니다.

5 سيارة الإسعاف هي السيارة التي تقوم بتقديم الإسعافات الأوّليّة والعلاج للمريض.

구급차는 환자에게 1차 응급 처치 및 치료를 제공하는 자동차이다.

연습문제

본문을 듣고 질문에 답하시오.

문제 1

من أين يتصل كريم بمركز الطوارئ؟

.

문제 2

هل أصيب رجل وجده كريم بجراح في رجله اليسرى؟

.

문제 3

بماذا يقوم صديق كريم الآن؟

.

문제 4

لماذا يتصل كريم بمركز الطوارئ هاتفيا؟

.

문제 5 빈칸에 들어갈 말로 알맞은 것을 고르시오.

A : آلو، هنا مركز الطوارئ.

B : ______ سيارة إسعاف.

A : ما المشكلة؟

B : وقع حادث المرور وأصيبت أختي بجراح في ذراعها.

① أرجع إلى　② أصل إلى

③ آخذها إلى　④ أحتاج إلى

문제 6 빈칸에 들어갈 말로 알맞지 않은 것을 고르시오.

A : آلو، هل كمال موجود في المكتب؟

B : لا. هو غير موجود الآن. لم يرجع من الاجتماع بعد.

هل تريد أن تترك رسالة له؟

A : نعم. أطلب منه الاتصال بي ______.

B : سأبلّغ رسالتك إليه.

① في أقرب وقت　② بأسرع وقت ممكن

③ بشكل غير مناسب　④ عند رجوعه إلى المكتب

문제 7-11 빈칸에 들어갈 말로 알맞은 것을 보기에서 골라 적으시오.

أَنَّنِي　أَنْ　لَمْ　إِنَّ　أَنَّكِ　لِأَنَّ　أَنَّ　إِنَّهَا　لَنْ

7 يبدو ______ أُصبت بالبرد من صديقتي الجديدة أُولْغَا من أوكرانيا.

8 يتوقع ______ يعلن الرئيس المصري عن حالة الطوارئ.

9 هل أنت متأكّدة ______ تستطيعين أن تصلي بعد خمس دقائق؟

10 إذا لم تأخذ الدواء، ف ______ تتحسن صحتك.

11 ______ مستعدّة للامتحانات استعدادا تامّا.

제8과

اَلدَّرْسُ الثَّامِنُ : هَلْ عِنْدَكَ حِسَابٌ عَلَى شَبَكَاتِ التَّوَاصُلِ الْاِجْتِمَاعِيِّ؟

당신에게 SNS 계정이 있습니까?

학습 목표

- SNS 관련 용어에 대한 이해
- اِتَّصَلَ بِـ (~에게 연락하다) 동사 미완료형 활용
- VI형 동사와 동명사
- 동명사와 동사절의 변형

어휘

حِسَابٌ (ج. حِسَابَاتٌ)	계정, 계좌
شَبَكَاتِ التَّوَاصُلِ الْاِجْتِمَاعِيِّ(خَدَمَاتُ الشَّبَكَاتِ الْاِجْتِمَاعِيَّةِ)	소셜 네트워킹 서비스(SNS)
مَعَ الْأَسَفِ الشَّدِيدِ	매우 유감스럽게도
بَرِيدٌ إِلِكْتُرُونِيٌّ	E-mail
نَتَوَاصَلَ	우리는 상호 연락한다, 연결된다(접속법)
عَبْرَ	~을 통해서
إِضَافَةٌ	추가, 첨가
أَنْشُرُ	나는 ~을(를) 게재한다, 발표한다
آخِرُ	최신의, 마지막의, 끝의
تَوَاصُلٌ	상호연락, 소통
رَأْيٌ (ج. آرَاءٌ)	의견, 견해
حَدَثٌ (ج. أَحْدَاثٌ)	사건, 행사, 이벤트
سَائِدَةٌ	널리 퍼져있는, 우세한; 널리 퍼져있다, 우세하다(여성형)
نَتَبَادَلْ	우리는 ~을(를) 주고받는다, 상호교환한다(단축법)

دَرْدَشَةٌ	채팅, 수다, 대화
تَعَرُّفٌ عَلَى	~을(를) 알게 됨
مِنْ خِلَالِ	~을 통해서

본문

جِي مِين: سَأَرْجِعُ إِلَى كُورِيَا فِي الْأُسْبُوعِ الْقَادِمِ.

كَمَالٌ: مَعَ الْأَسَفِ الشَّدِيدِ. سَأَتَّصِلُ بِكِ هَاتِفِيًّا، أَوْ سَأُرْسِلُ إِلَيْكِ رِسَالَةً بِالْبَرِيدِ الْإِلِكْتُرُونِيِّ.

جِي مِين: شُكْرًا. وَيُمْكِنُ أَنْ نَتَوَاصَلَ عَبْرَ شَبَكَاتِ التَّوَاصُلِ الْاِجْتِمَاعِيِّ. هَلْ عِنْدَكَ حِسَابٌ عَلَى الْفَيْسبُوك؟

كَمَالٌ: نَعَمْ. عِنْدِي حِسَابٌ عَلَى الْفَيْسْبُوك. أَطْلُبُ مِنْكِ إِضَافَةَ صَدِيقٍ عَلَيْهِ.

جِي مِين: طَبْعًا. أَنْشُرُ دَائِمًا صُوَرَ حَيَاتِي الْيَوْمِيَّةِ وَآخِرِ أَخْبَارِي لِلتَّوَاصُلِ مَعَ أَصْدِقَائِي عَلَى الْفَيْسْبُوك. وَأَيْضًا أَكْتُبُ أَحْيَانًا آرَائِي فِي الْأَحْدَاثِ السَّائِدَةِ بِالْعَالَمِ أَوْ أَحْصُلُ عَلَى الْمَعْلُومَاتِ الْمُخْتَلِفَةِ فِي الْمَجَالَاتِ السِّيَاسِيَّةِ وَالْعِلْمِيَّةِ وَالثَّقَافِيَّةِ.

كَمَالٌ: مَا شَاءَ اللهُ! لِنَتَبَادَلِ الْمَعْلُومَاتِ الْمُفِيدَةَ لِبَعْضِنَا الْبَعْضِ وَنَتَحَدَّثْ عَلَى صَفْحَةِ الدَّرْدَشَةِ.

جِي مِين: فِكْرَةٌ جَمِيلَةٌ! تَسْتَطِيعُ التَّعَرُّفَ عَلَى أَصْدِقَاءَ كُورِيِّينَ جُدُدٍ مِنْ خِلَالِ حِسَابِي عَلَى الْفَيْسْبُوك.

كَمَالٌ: أَتَمَنَّى كَذَلِكَ.

본문해석

지민 : 나는 다음 주에 한국으로 돌아갈 거야.

카말 : 너무 아쉽네. 내가 전화로 연락하거나 이메일 보낼게.

지민 : 고마워. 우리는 SNS를 통해서 소통할 수 있어. 너 페이스북 계정 있니?

카말 : 응. 페이스북 계정 있지. 친구 추가 부탁할게.

지민 : 물론이지. 나는 친구들과 소통하려고 항상 내 일상 사진들이나 최신 소식들 올리고 있어. 그리고 가끔 세계에서 일어나는 사건들에 관해 내 의견을 쓰거나 정치, 과학, 문화 분야의 다양한 정보들을 얻고 있어.

카말 : 멋지네(알라께서 원하신 대로구나). 우리 서로서로 유용한 정보도 주고받고 채팅 창에서 얘기하자.

지민 : 좋은 생각이야. 너는 내 페이스북 계정을 통해서 새로운 한국 친구들도 사귈 수 있어.

카말 : 나도 그러길 바라.

문법설명

1 SNS 관련 용어

وَسَائِل التَّوَاصُل الْإِجْتِمَاعِيّ	소셜 미디어	تَابَعَ (مُتَابَعَة)	팔로우
شَبَكَات التَّوَاصُل الْإِجْتِمَاعِيّ (خَدَمَات الشَّبَكَات الْإِجْتِمَاعِيَّة)	SNS (소셜 네트워크 서비스)	عَلَّقَ(تَعْلِيق) عَلَى	코멘트하다
حِسَاب	계정	أَعْجَبَنِي	좋아요
إِسْم الْمُسْتَخْدِم	아이디(ID)	غوغل	구글
كَلِمَة السِّرّ	비밀번호 (Password)	الفيسبوك	페이스북
سَجَّلَ(تَسْجِيل الدُّخُول	로그인	تويتر	트위터
سَجَّلَ(تَسْجِيل الْخُرُوج	로그아웃	يوتيوب	유투브
صَادَقَ عَلَى أَضَافَ كَصَدِيق	친구 신청하다, 친구 추가하다	إنستغرام، إنستجرام إنستقرام	인스타그램
تَحْمِيل، نَشْر، رَفْع	업로드	مُدَوَّنَة	블로그

2 اِتَّصَلَ بِـ ... (~에게 연락하다) 동사의 미완료형 활용

اِتَّصَلَ 는 VIII형 동사로 어근이 وصل 이며, و 가 첫번째 어근인 경우 و 는 VIII형 동사형 اِفْتَعَلَ 의 ت 에 동화된다.

인칭 / 수	1인칭	2인칭 여성	2인칭 남성	3인칭 여성	3인칭 남성
단수	أَتَّصِلُ	تَتَّصِلِينَ	تَتَّصِلُ	تَتَّصِلُ	يَتَّصِلُ
양수		تَتَّصِلَانِ		تَتَّصِلَانِ	يَتَّصِلَانِ
복수	نَتَّصِلُ	تَتَّصِلْنَ	تَتَّصِلُونَ	يَتَّصِلْنَ	يَتَّصِلُونَ

3 VI형 동사와 동명사

VI형 동사는 어간에 تَـ 를 접두시키고 첫번째 어근자에 장모음을 붙이는 것이 특징이다. V형 동사와 마찬가지로 완료형과 미완료형의 어간이 تَفَاعَلَ 형이며 미완료형의 주어 표지어 모음은 ـَ 이다. 대부분의 VI형 동사는 상호 관계를 의미한다. VI형 동사의 동명사는 تَفَاعُلٌ 형이다.

〈 تَوَاصَلَ (상호 연락하다, 소통하다) 동사의 미완료 직설법 및 접속법 활용〉

	أَنَا	أَنْتِ	أَنْتَ	هِيَ	هُوَ
직설법	أَتَوَاصَلُ	تَتَوَاصَلِينَ	تَتَوَاصَلُ	تَتَوَاصَلُ	يَتَوَاصَلُ
접속법	أَتَوَاصَلَ	تَتَوَاصَلِي	تَتَوَاصَلَ	تَتَوَاصَلَ	يَتَوَاصَلَ

	نحن	أَنْتنّ	أَنتم	هنّ	هُم
직설법	نَتَوَاصَلُ	تَتَوَاصَلْنَ	تَتَوَاصَلُونَ	يَتَوَاصَلْنَ	يَتَوَاصَلُونَ
접속법	نَتَوَاصَلَ	تَتَوَاصَلْنَ	تَتَوَاصَلُوا	يَتَوَاصَلْنَ	يَتَوَاصَلُوا

〈تَبَادَلَ (서로 주고 받다, 교환하다) 동사의 미완료 직설법 및 접속법 활용〉

	أنا	أَنْتِ	أَنْتَ	هِيَ	هُوَ
직설법	أَتَبَادَلُ	تَتَبَادَلِينَ	تَتَبَادَلُ	تَتَبَادَلُ	يَتَبَادَلُ
접속법	أَتَبَادَلَ	تَتَبَادَلِي	تَتَبَادَلَ	تَتَبَادَلَ	يَتَبَادَلَ

	نحن	أَنْتنّ	أَنْتم	هنّ	هُم
직설법	نَتَبَادَلُ	تَتَبَادَلْنَ	تَتَبَادَلُونَ	يَتَبَادَلْنَ	يَتَبَادَلُونَ
접속법	نَتَبَادَلَ	تَتَبَادَلْنَ	تَتَبَادَلُوا	يَتَبَادَلْنَ	يَتَبَادَلُوا

4 동명사와 동사절의 변형

동명사는 접속법 동사절로 변형하여 같은 의미로 표현할 수 있다.

나는 지난 일요일에 공부하기 위해 도서관에 갔다.

ذهبتُ إلى المكتبة لِلدِّرَاسَةِ يوم الأحد الماضي.

ذهبتُ إلى المكتبة لِأدرسَ(لِكَيْ أَدْرُسَ) يوم الأحد الماضي.

내 친구 카림은 주말에 수영하는 것을 좋아한다.

صديقي كريم يحبّ السباحة في نهاية الأسبوع.

صديقي كريم يحبّ أن يسبح في نهاية الأسبوع.

듣기 (정답은 본문 참조)

1

2

3

4

5

6

7

8

9

10

11

12

13

쓰기

1. 우리 항상 SNS를 통해서 소통하자.

(دائما، الاجتماعي، عبر، لنتواصل، شبكات، التواصل)

2. 나는 오늘 내 가족의 사진들과 최근 내 소식들을 페이스북에 올렸습니다.

(نشرت، أخباري، على، وآخر، الفيسبوك، أسرتي، اليوم، صور)

3. 당신은 당신의 블로그에 국제 정치 분야에 관한 의견들을 씁니까?

(هل، آراءك، مدوّنتك، في، مجال، الدولية، تكتب، السياسة، على)

4. 우리는 서로서로 유용한 정보들을 공유할 수 있습니다.

(نتبادل، المفيدة، يمكن، لـ، بعضنا، أن، المعلومات، البعض)

5. 우리는 지금 채팅창에서 함께 대화할 수 있나요?

(يمكن، نتحدث، هل، أن، صفحة، الآن، معا، الدردشة، على)

회화 테스트

1 إلى أيّ بلد سترجع بعد أسبوعين؟

당신(남)은 2주 후에 어느 나라로 돌아갑니까?

2 اِتَّصِلْ بي هاتفيا أو أَرْسِلْ إليّ رسالة بالبريد الإلكتروني.

나에게 전화로 연락하거나 이메일을 보내주세요.

3 أطلب منك أن تضيفني كصديق على الفيسبوك.

나는 당신에게 페이스북 친구로 나를 추가해주시기를 요청합니다.

4 تحبّ كريمة نشر صور الأطعمة التي أخذتها على إنستجرام.

카리마는 그녀가 찍은 음식 사진들을 인스타그램에 올리는 것을 좋아합니다.

5 أريد أن أتعرف على كثير من الأصدقاء الجدد في كوريا.

나는 한국에서 많은 새 친구들을 사귀기를 원합니다.

연습문제

본문을 듣고 질문에 답하시오.

문제 1 متى سترجع جي مين إلى كوريا؟

.

문제 2 هل عند كمال حساب على الفيسبوك؟

.

문제 3 ماذا تنشر جي مين للتواصل مع أصدقائها على الفيسبوك؟

.

문제 4 ما هي فائدة شبكات التواصل الاجتماعي؟

.

문제 5 빈칸에 들어갈 말로 알맞지 않은 것을 고르시오.

A : كيف أبحث عن صديق على الفيسبوك؟

B : اكتب اسمه أو بريده الإلكتروني أو رقم هاتفه المحمول.

A : هل تقبلني كصديق جديد على الفيسبوك؟

B : ______ . سأرسل رسالة إليك مباشرة.

① طيّب　② طبعا

③ مع الأسف　④ بكلّ سرور

문제 6 빈칸에 들어갈 말로 알맞지 않은 것을 고르시오.

A : سأرجع إلى كوريا يوم الأحد القادم.

B : مع الأسف الشديد. لا يمكن أن نلتقي لمدة طويلة.
لنتواصل دائما عن طريق ______ .

A : طيّب. أوافقك.

B : يمكن أن نتّصل ببعضنا البعض في أماكن بعيدة.

① الهاتف الذكي　② مقابلة شخصية

③ البريد الإلكتروني　④ شبكات التواصل الاجتماعي

문제 7-11 밑줄 친 부분을 〈보기〉와 같이 문맥에 맞게 변형하시오.

سيذهب إلى المطعم العربي لأكل الكباب.

← سيذهب إلى المطعم العربي ليأكل الكباب.

7 تستطيع التعرّف على أصدقاء كوريين جدد على الفيسبوك.

← .

8 أنشر دائما صور حياتي اليومية للتواصل مع أصدقائي.

← .

9 يحتاجون إلى رقم هاتف المدير للاتّصال به.

← .

10 نستعمل مدوَّنات لتبادل المعلومات المفيدة لبعضنا البعض.

← .

11 يجب عليكَ تغيير كلمة سرّ على حساب غوغل.

← .

문제 12 다음 문장을 해석하시오.

إن شبكات التواصل الاجتماعي تضم مجموعة واسعة من المواقع الاجتماعية مثل الإنستغرام وتويتر وفيسبوك. فتسهم في إنشاء الحسابات الشخصية عبر مواقعها، [أ] إلى التواصل مع الآخرين الذين تجمعهم نفس الهوايات والاهتمامات.

وبفضل هذه الشبكات، [ب] تقوية العلاقات بين الأفراد من خلال مشاركة المعلومات والبيانات المختلفة بينهم، إلى جانب تبادل الآراء والخبرات حول العديد من المواضيع، ممّا يؤدي إلى إكساب الأفراد الخبرة في العديد من المجالات بشكل غير مباشر.

문제 13 빈칸 (أ) 에 들어갈 말로 알맞은 것을 고르시오.

① عودة ② تحقيقا

③ مشاركة ④ بالإضافة

문제 14 빈칸 (ب) 에 들어갈 말로 알맞은 것을 고르시오.

① يقول ② يرجع

③ يمكن ④ ينتقل

제9과

اَلدَّرْسُ التَّاسِعُ : كَيْفَ تَقْرَأُ جَرِيدَةً عَرَبِيَّةً؟

아랍어 신문을 어떻게 읽습니까?

학습 목표

- بَعْدَ أَنْ 구문에 대한 이해
- أَلْقَى 동사 미완료형 직설법, 접속법 활용
- مِنَ الضَّرُورِيِّ أَنْ (~하는 것이 필요하다) 표현

어휘

جَرِيدَةٌ (ج. جَرَائِدُ)	신문
قِرَاءَةٌ	읽기
تُسَاعِدُ فِي(عَلَى)	그것(여)은 ~에 도움이 된다, 돕는다
تَعَلُّمٌ	배움, 학습
اِطِّلَاعٌ عَلَى	알게 됨, 깨달음, 이해
خَبَرٌ (ج. أَخْبَارٌ)	소식
مَحَلِّيَّةٌ	지방의, 국내의, 현지의(여성형)
يَشْرَحُ	그는 ~을(를) 설명한다
بِإِتْقَانٍ	능통하게, 능숙하게, 완전하게
مُهِمَّةٌ	중요한; 중요하다(여성형)
صَفْحَةٌ (ج. صَفَحَاتٌ)	쪽, 페이지
عُنْوَانٌ (ج. عَنَاوِينُ)	제목, 주소
بَارِزَةٌ	두드러진, 뚜렷한, 분명한; 두드러지다, 뚜렷하다, 분명하다(여성형)
ضَرُورِيٌّ	필수적인, 필요한; 필수적이다, 필요하다
تُلْقِيَ	당신(남)은 던진다(접속법)
نَظْرَةٌ (ج. نَظَرَاتٌ)	보는 것, 시선, 눈길

تُلْقِي نَظْرَةً عَلَى	당신(남)은 ~에 시선을 던진다, ~에 눈길을 준다, ~을 살펴본다(접속법)
مَوْضُوعٌ (ج. مَوْضُوعَاتٌ، مَوَاضِيعُ)	주제
سَرِيعًا	빠르게, 빨리
بِعِنَايَةٍ	주의 깊게
تَهْتَمُّ بِـ	당신(남)은 ~에 관심이 있다
تَتَصَفَّحُ	당신(남)은 ~을 훑어본다, (책장을) 넘긴다
بَاقٍ	남은
مِثْلُ	~와 같은, ~처럼
اِجْتِمَاعِيَّةٌ	사회의, 사회적인; 사회적이다(여성형)
زَوَاجٌ	결혼
عِيدٌ (ج. أَعْيَادٌ)	명절
تَهْنِئَةٌ (ج. تَهَانٍ)	축하
مُجْتَمَعٌ (ج. مُجْتَمَعَاتٌ)	사회
مُتَعَلِّقَةٌ بِـ	~에 관련된, 연관된(여성형)
تِجَارَةٌ	무역, 상업
مَالٌ (ج. أَمْوَالٌ)	재물, 재화, 재산

حَادِثٌ، حَادِثَةٌ (ج. حَوَادِثُ)	사건, 사고
جَرِيمَةٌ (ج. جَرَائِمُ)	범죄
قَتْلٌ	살인, 살해
سَرِقَةٌ (ج. سَرِقَاتٌ)	훔침, 절도, 강도
إِعْلَانٌ (ج. إِعْلَانَاتٌ)	공고, 광고
بَيْعٌ	파는 것
شِرَاءٌ	사는 것
وَظِيفَةٌ (ج. وَظَائِفُ)	직업, 직책
عَقَارٌ (ج. عَقَارَاتٌ)	부동산

본문

يُرِيدُ جِين سُو أَنْ يَقْرَأَ الْجَرَائِدَ الْعَرَبِيَّةَ، لِأَنَّ قِرَاءَةَ الْجَرَائِدِ الْعَرَبِيَّةِ تُسَاعِدُ فِي تَعَلُّمِ اللُّغَةِ الْعَرَبِيَّةِ، وَالِاطِّلَاعِ عَلَى الْأَخْبَارِ الْعَالَمِيَّةِ وَالْمَحَلِّيَّةِ.

صَدِيقُهُ كَرِيمٌ يَشْرَحُ لَهُ كَيْفَ يَقْرَأُ الْجَرِيدَةَ الْعَرَبِيَّةَ بِإِتْقَانٍ. وَيَقُولُ كَرِيمٌ: اَلْأَخْبَارُ الْمُهِمَّةُ تَكُونُ فِي الصَّفْحَةِ الْأُولَى لِلْجَرِيدَةِ وَبِعَنَاوِينَ بَارِزَةٍ.

وَبَعْدَ أَنْ تُلْقِيَ نَظْرَةً عَلَى الْمَوْضُوعَاتِ الْعَامَّةِ سَرِيعًا، مِنَ الضَّرُورِيِّ أَنْ تَقْرَأَ بِعِنَايَةٍ الْمَوْضُوعَاتِ الَّتِي تَهْتَمُّ بِهَا وَتَتَصَفَّحَ بَاقِيَ الْجَرِيدَةِ.

أَخْبَارُ الرِّيَاضَةِ مِثْلُ مَوَاعِيدِ الْمُبَارَيَاتِ الرِّيَاضِيَّةِ وَنَتَائِجِهَا فِي صَفْحَةِ أَخْبَارِ الرِّيَاضَةِ.

اَلْأَخْبَارُ الِاجْتِمَاعِيَّةُ مِثْلُ اَلزَّوَاجِ وَالْأَعْيَادِ وَالتَّهَانِي وَالْمُنَاسَبَاتِ الِاجْتِمَاعِيَّةِ فِي صَفْحَةِ أَخْبَارِ الْمُجْتَمَعِ.

اَلْأَخْبَارُ الْمَحَلِّيَّةُ فِي صَفْحَةِ الْمَحَلِّيَّاتِ.

وَالْأَخْبَارُ الْمُتَعَلِّقَةُ بِالتِّجَارَةِ وَالْمَالِ فِي صَفْحَةِ الِاقْتِصَادِ.

وَأَخْبَارُ الْحَوَادِثِ وَجَرَائِمِ الْقَتْلِ وَالسَّرِقَاتِ فِي صَفْحَةِ الْحَوَادِثِ.

أَمَّا أَخْبَارُ الْإِعْلَانَاتِ التِّجَارِيَّةِ مِثْلُ بَيْعِ وَشِرَاءِ السَّيَّارَاتِ وَالْإِعْلَانِ عَنِ الْوَظَائِفِ وَالْعَقَارَاتِ فَهِيَ فِي صَفْحَةِ الْإِعْلَانَاتِ التِّجَارِيَّةِ.

본문해석

진수는 아랍 신문들을 읽기를 원한다. 왜냐하면 아랍 신문 읽기는 아랍어 학습과 국내외 뉴스를 잘 아는 데 도움이 되기 때문이다.

그의 친구 카림은 그에게 어떻게 아랍 신문을 능숙하게 읽는지 설명해준다. 카림은 말한다.

중요한 소식들은 신문의 첫 면에 두드러진 헤드라인에 있어.

그리고 일반적인 주제들을 빠르게 살펴본 후에 네가 관심 있는 주제들은 주의 깊게 읽고 신문의 나머지 내용들을 훑어볼 필요가 있어.

스포츠 경기 일정과 결과 같은 스포츠 소식은 스포츠 뉴스면에 있어.

결혼과 명절(기념일), 축하, 사회 행사 같은 사회 소식들은 사회 뉴스면에 있어.

국내 소식들은 국내 뉴스면에 있어. 무역과 금융에 관련된 소식들은 경제면에 있어.

사고, 살인이나 절도 범죄 소식들은 사건면에 있어. 자동차 매매 같은 상업 광고들이나 일자리, 부동산 관련 광고들에 대해 보자면 그것들은 상업 광고면에 있어.

문법설명

1 بَعْدَ أَنْ ... : '~한 후에'의 표현

전치사 بَعْدَ가 '~한 후에'의 의미를 나타낼 때 بَعْدَ 뒤에 동명사를 사용하거나 بَعْدَ أَنْ 뒤에 동사를 사용하여 나타낸다. 이때 미완료된 행위에는 أَنْ 뒤에 미완료 접속법이 쓰이고 완료된 행위에는 완료형이 쓰인다.

그는 그의 모든 일을 끝마친 후에 그의 나라로 돌아왔습니다.

رَجَعَ إِلَى بَلَدِهِ بَعْدَ أَنْ أَكْمَلَ كُلَّ أَعْمَالِهِ.

그는 잠시 휴식한 후에 축구를 합니다.

يَلْعَبُ كُرَةَ الْقَدَمِ بَعْدَ أَنْ يَسْتَرِيحَ قَلِيلًا.

2 أَلْقَى(يُلْقِي) نَظْرَةً عَلَى ... : ~에 눈길을 준다, ~을 한 번 본다, ~을 살펴본다

나는 이 책들을 살펴볼 것입니다.

سَأُلْقِي نَظْرَةً عَلَى هَذِهِ الْكُتُبِ.

당신(남)은 본문의 마지막 페이지를 한 번 봐야합니다.

يَجِبُ أَنْ تُلْقِيَ نَظْرَةً عَلَى الصَّفْحَةِ الْأَخِيرَةِ مِنَ النُّصُوصِ.

* أَلْقَى (던지다) 동사의 미완료 직설법 활용

인칭 / 수	1인칭	2인칭 여성	2인칭 남성	3인칭 여성	3인칭 남성
단수	أُلْقِي	تُلْقِينَ	تُلْقِي	تُلْقِي	يُلْقِي
양수		تُلْقِيَانِ		تُلْقِيَانِ	يُلْقِيَانِ
복수	نُلْقِي	تُلْقِينَ	تُلْقُونَ	يُلْقِينَ	يُلْقُونَ

* أَلْقَى (던지다) 동사의 미완료 접속법 활용

수 \ 인칭	1인칭	2인칭 여성	2인칭 남성	3인칭 여성	3인칭 남성
단수	أُلْقِيَ	تُلْقِي	تُلْقِيَ	تُلْقِيَ	يُلْقِيَ
양수		تُلْقِيَا		تُلْقِيَا	يُلْقِيَا
복수	نُلْقِيَ	تُلْقِينَ	تُلْقُوا	يُلْقِينَ	يُلْقُوا

3 مِنَ الضَّرُورِيِّ أَنْ ... : ~하는 것이 필요하다.

당신(남)은 시험에 합격하기 위해서 열심히 공부하는 것이 필요합니다.

مِنَ الضَّرُورِيِّ أَنْ تَدْرُسَ بِجِدٍّ لِلنَّجَاحِ فِي الِامْتِحَانِ.

나는 오늘 도서관에 일찍 갈 필요가 없습니다.

لَيْسَ مِنَ الضَّرُورِيِّ أَنْ أَذْهَبَ إِلَى الْمَكْتَبَةِ مُبَكِّرًا.

4 لَا (لَيْسَ) ~ فَقَطْ، بَلْ... أَيْضًا : '단지 ~뿐만 아니라 …도 역시'의 표현

민수는 아랍 문학 뿐 아니라 이슬람 역사에도 관심이 있습니다.

يَهْتَمُّ مِين سُو لَيْسَ بِالْأَدَبِ الْعَرَبِيِّ فَقَطْ، بَلْ بِالتَّارِيخِ الْإِسْلَامِيِّ أَيْضًا.

수지는 아랍어만 유창하게 말할 뿐 아니라 영어도 유창하게 말합니다.

سُوجِي لَا تَتَكَلَّمُ الْعَرَبِيَّةَ بِطَلَاقَةٍ فَقَطْ، بَلْ تَتَكَلَّمُ الْإِنْجِلِيزِيَّةَ أَيْضًا.

5 ... اَلْأَمْرُ الَّذِي의 용법

관계절의 계속적 용법으로서 اَلْأَمْرُ الَّذِي는 '그러한 사실이'라는 의미의 표현이다. 앞에 오는 전체 문장의 사실로 인해 결과적으로 '~하게 되었다'는 의미로 주로 사용된다. 같은 의미로 مِمَّا أَدَّى إِلَى...도 쓸 수 있다.

한국은 1970년대 이후 괄목할 만한 경제발전을 이루었고 이로 인해 해외 수출 규모가 크게 증가 했다.

حَقَّقَتْ كُورِيَا الْجَنُوبِيَّة تَقَدَّمًا اقْتِصَادِيًّا مَلْحُوظًا مُنْذُ السَّبْعِينَاتِ الْأَمْرُ الَّذِي أَدَّى إِلَى زِيَادَةِ حَجْمِ الصَّادِرَاتِ إِلى الْخَارِجِ بِشَكْلٍ كَبِيرٍ.

최근 스마트폰 사용자들이 크게 증가하였고 이로 인해 일반 전화기 사용자는 감소하였다.

زَادَ مُؤَخَّرًا عَدَدُ مُسْتَخْدِمِي الْهَاتِفِ الذَّكِي مِمَّا أَدَّى إِلَى انْخِفَاضِ عَدَدِ مُسْتَخْدِمِي أَجْهِزَةِ الْهَاتِفِ الْعَادِيّ انْخِفَاضًا كَبِيرًا.

듣기 (정답은 본문 참조)

1

2

3

4

5

6

7

8

9

10

11

쓰기

1. 신문 읽기는 국내외 소식을 접하는 데 도움을 줍니다.

(الجرائد، تساعد، في، قراءة، والمحلية، الاطّلاع، الأخبار، العالمية، على)

2. 나는 일반적인 주제들을 빠르게 살펴봅니다.

(الموضوعات، سريعا، ألقي، على، العامة، نظرة)

3. 나는 내 친구에게 어떻게 한국 신문을 능숙하게 읽는지 설명해줍니다.

(لصديقي، يقرأ، أشرح، الكورية، بإتقان، الجرائد، كيف)

4. 그는 매일 아침 인터넷 신문에서 오늘의 뉴스를 훑어봅니다.

(أخبار، على، الإنترنت، يتصفّح، صباح، اليوم، كل، جريدة)

5. 내가 어느 페이지에서 일자리 광고를 읽을 수 있습니까?

(أقرأ، في، أن، صفحة، الإعلان، الوظائف، أيّ، يمكن، عن)

회화 테스트

1. هل قرأتم العناوين البارزة في الجريدة اليوم؟

당신들은 오늘 신문에서 헤드라인을 읽었습니까?

2. أخبار جرائم القتل والسرقات في صفحة الحوادث.

살인이나 절도 범죄 소식들은 사건면에 있습니다.

3. أين يمكن أن أعرف مواعيد المباريات الرياضية ونتائجها؟

나는 어디에서 스포츠 경기 일정과 그 결과들을 알 수 있습니까?

4. نقرأ الموضوعات التي نهتمّ بها بعناية.

우리는 우리가 관심 있는 주제들을 주의 깊게 읽습니다.

5. قرأ سمير أخبار العقارات في صفحة الإعلانات التجارية.

사미르는 상업 광고란에서 부동산 뉴스를 읽었습니다.

연습문제

본문을 듣고 질문에 답하시오.

문제 1 لماذا يريد جين سو أن يقرأ الجرائد العربية؟

.

문제 2 أين أخبار الزواج والأعياد والتهاني في الجريدة؟

.

문제 3 هل أخبار التجارة والمال في صفحة الاقتصاد؟

.

문제 4 في أي صفحة يمكنك قراءة الأخبار المتعلقة بالعقارات؟

.

문제 5 빈칸에 들어갈 말로 알맞은 것을 고르시오.

A : أين يمكن أن أبحث عن الأخبار الاجتماعية في الجريدة؟

B : يمكن أن تبحث عن الأخبار الاجتماعية ______ الزواج والأعياد والتهاني في صفحة أخبار المجتمع.

A : إذن، كيف أبحث عن الأخبار المتعلقة ببيع وشراء السيارات؟

B : في صفحة الإعلانات التجارية.

① لو ② مثل

③ لكي ④ حتّى

문제 6 빈칸에 들어갈 말로 알맞은 것을 고르시오.

A : كيف يمكن أن أدرس الاقتصاد العربي من خلال الجرائد العربية؟

B : من ______ أن تقرأ بعناية صفحة الاقتصاد التي تهتم بها.

A : شكرا. أريد أن أقرأ الجرائد العربية بإتقان.

B : سأساعدك في قراءة الجرائد العربية.

① الصعب ② الممنوع

③ الضروري ④ المعروف

문제 7 빈칸에 들어갈 말로 알맞지 않은 것을 고르시오.

A : ماذا في الصفحة الأولى بالجرائد العربية؟

B : الأخبار المهمة بعناوين بارزة فيها.

A : إذن، ماذا في صفحة الإعلانات التجارية؟

B : فيها الإعلانات عن ＿＿＿＿＿.

① العقارات　② الوظائف

③ بيع وشراء السيارات　④ الزواج والتهاني والأعياد

문제 8 빈칸에 공통으로 들어갈 말로 알맞은 것을 고르시오.

- يساعد تعلم اللغة العربية ＿＿＿＿ فهم ثقافة العالم العربي.
- لمزيد من المعلومات، أرجوكم الاطّلاع ＿＿＿＿ دليل الجامعة.

① إلّا　② عن

③ على　④ كما

문제 9-11 괄호 안의 동사를 알맞은 형태로 바꾸어 쓰시오.

9 ________ حسين الآن نظرة على الموضوعات الهامة في الصفحة الأولى. (أَلْقَى)

10 ألم ________ موقع الجريدة على الإنترنت يا حميد؟ (تَصَفَّحَ)

11 من المفيد أن ________ الطلاب القاموس لقراءة الجريدة العربية. (اِسْتَخْدَمَ)

문제 12 다음 문장을 해석하시오.

قرأت سومي اليوم خبرا في صفحة الأخبار الثقافية بجريدة " الحياة" اليومية. وقال الخبر:

من المتوقع أن ينظّم مركز الثقافة السعودية مهرجانا للثقافة السعودية لمدة سبعة أيام بدءً من يوم الرابع والعشرين من هذا الشهر وحتى الرابع من الشهر القادم في فندق "غراند هيلتون" بسيول.

وقال مسؤول في مركز الثقافة السعودية إن هذا المهرجان يهدف إلى إتاحة الفرصة للكوريين للتعرف [أ] ثقافة وتاريخ السعودية وتوسيع التبادلات الثقافية بين السعودية وكوريا الجنوبية. وسيتم في المهرجان عرض عدد كبير من المعروضات [ب] تنقل أنماطا ثقافية متنوعة للسعودية مثل الملابس والأكل.

* يَهْدُفُ إِلَى: ~을 목표로 한다
* مِنَ الْمُتَوَقَّعِ: ~이 예상된다
* توسيع التبادلات الثقافية : 문화 교류 확대

문제 13 빈칸 (أ) 에 들어갈 말로 알맞은 것을 고르시오.

① إلّا　　② عن

③ على　　④ كما

문제 14 빈칸 (ب) 에 들어갈 말로 알맞은 것을 고르시오.

① الذي　　② التي

③ الذين　　④ اللائي

제10과

اَلدَّرْسُ الْعَاشِرُ : مَطْلُوب مُوَظَّف

직원 구함

مستشفى جمعية المقاصد الخيرية الاسلامية
القدس

اعـــلان

تعلن ادارة مستشفى جمعية المقاصد الخيرية الاسلامية بالقدس عن رغبتها تعيين، طبيب اختصاصي اطفال، للعمل في قسم العناية المركزية لحديثي الولادة بوظيفة، زميل، Neonatology Fellowship.

شروط القبول:

- ان يكون المتقدم حاصلا على شهادة البورد الفلسطيني او الاردني في طب الاطفال.

يرجى من المتقدمين احضار الاوراق والشهادات الثبوتية اللازمة مع ملخص السيرة الذاتية، وتقديمها لقسم شؤون الموظفين يوميا لمدة اسبوع من تاريخ الاعلان ما عدا يومي الجمعة والسبت.

كما يمكن ارسال الوثائق عبر الفاكس لمن لا يستطيع الحضور على الارقام التالية:

ادارة المستشفى

م-(2) 5/7

학습 목표

- 구인 광고 내용 이해하기
- 동사의 미완료 수동태 이해
- 능동분사와 수동분사에 대한 이해
- لَا تَقِلُّ عَنْ 구문 이해

어휘

مَطْلُوبٌ	요구되는, 요청되는; 요구된다, 요청된다
تَالٍ	다음의, 계속되는
تَوْظِيفٌ	채용, 고용
شَرْطٌ (ج. شُرُوطٌ)	조건
دَوَامٌ	지속, 근무시간
عَدَدٌ (ج. أَعْدَادٌ)	수
شَاغِرَةٌ	비어있는, 결원된; 비어있다(여성형)
مُؤَهِّلَاتٌ	자격
عِلْمِيَّةٌ	과학적인, 학술적인; 과학적이다, 학술적이다(여성형)
بَكَالُورِيُوسٌ	학사학위
مَهَارَةٌ (ج. مَهَارَاتٌ)	능력, 숙달
خِبْرَةٌ (ج. خِبْرَاتٌ)	경험, 조예, 경력
تَقِلُّ عَنْ	그것(여)은 ~보다 적다
تَصْدِيرٌ	수출
اِسْتِخْدَامٌ	사용, 이용
بَرْنَامَجٌ (ج. بَرَامِجُ)	프로그램

قُدْرَةٌ	능력
تَرْجَمَةٌ	번역, 통역
عَكْسٌ	반대
مِيزَةٌ (ج. مِيزَاتٌ)	특징, 특색, 특성
رَاتِبٌ (ج. رَوَاتِبُ)	월급
يُحَدَّدُ	그것(남)은 정해진다, 제한된다(수동태)
مُقَابَلَةٌ	만남, 면접
عَلَى حَسَبِ	~에 따라
كَفَاءَةٌ	자격, 충분함
تُوَفِّرُ	그것(여)은 ~을(를) 보장한다, 제공한다
مُمَيِّزَةٌ (ج. مُمَيِّزَاتٌ)	특징, 특성, 장점, 우수성
سَكَنٌ	숙소, 기숙사, 주택
تَأْمِينٌ	보험
طِبِّيٌّ	의료의, 의료적인
إِجَازَةٌ	휴가
رَاغِبِينَ	바라는, 희망하는; 희망자들(소유격, 목적격)
يَمْلَأُوا	그들(남)은 ~을(를) 채운다, 기입한다(접속법)

اِسْتِمَارَةٌ	양식
يَتَقَدَّمُوا بِـ	그들(남)은 ~을 제출한다(접속법)
اِتِّصَالٌ	연락

본문

قَرَأَ مِين سُو الْإِعْلَانَ التَّالِيَ مِنْ إِعْلَانَاتِ التَّوْظِيفِ عَلَى الْإِنْتَرْنِتِ.

مَطْلُوب مُوَظَّف فِي شَرِكَةِ أَرَابِيكْس لِلتِّجَارَةِ

اَلشَّرْطُ الْوَظِيفِيُّ : دَوَامٌ كَامِلٌ.

عَدَدُ الْوَظَائِفِ الشَّاغِرَةِ : ١

اَلْمُؤَهِّلَاتُ الْعِلْمِيَّةُ الْمَطْلُوبَةُ :

١ – اَلْبَكَالُورِيُوس فِي إِدَارَةِ الْأَعْمَالِ

٢ – اَلْبَكَالُورِيُوس فِي اللُّغَةِ الْعَرَبِيَّةِ وَاللُّغَةِ الْإِنْجِلِيزِيَّةِ

اَلْمَهَارَاتُ :

١ – خِبْرَةٌ لَا تَقِلُّ عَنْ ثَلَاثِ سَنَوَاتٍ فِي مَجَالِ التَّصْدِيرِ.

٢ – اِسْتِخْدَامُ بَرْنَامَجِ إِكْسِل (Excel).

٣ – اَلْقُدْرَةُ عَلَى التَّرْجَمَةِ مِنَ اللُّغَةِ الْعَرَبِيَّةِ إِلَى اللُّغَةِ الْإِنْجِلِيزِيَّةِ وَبِالْعَكْسِ.

اَلْمِيزَاتُ :

اَلرَّاتِبُ يُحَدَّدُ بِالْمُقَابَلَةِ عَلَى حَسَبِ الْخِبْرَةِ وَالْكَفَاءَةِ.

الشَّرِكَةُ تُوَفِّرُ جَمِيعَ الْمُمَيِّزَاتِ مِنْ سَكَنٍ وَتَأْمِينٍ طِبِّيٍّ وَإِجَازَةٍ سَنَوِيَّةٍ.

نَرْجُو الرَّاغِبِينَ بِالتَّقَدُّمِ لِلْعَمَلِ أَنْ يَمْلَأُوا اسْتِمَارَةَ التَّوْظِيفِ وَيَتَقَدَّمُوا بِهَا عَنْ طَرِيقِ مَوْقِعِ شَرِكَتِنَاعَلَى الْإِنْتَرْنِتِ (www. Arabiks.com).

اَلْاِتِّصَالُ : رَقْمُ الْهَاتِفِ – ٣٢٦٥٩٧٧١

본문해석

민수는 인터넷에서 채용 공고 중 다음과 같은 공고를 읽었다.

Arabiks 무역회사 직원 구함

고용 조건 : 풀타임 근무

모집 인원(공석 수) : 1명

학력 조건(요구되는 학력) :

1- 경영학 학사학위

2- 아랍어와 영어 학사학위

경력 :

1- 수출 분야에서 3년 이상의 경력

2- Excel 프로그램 사용

3- 아랍어-영어, 영어-아랍어 번역 능력

혜택 사항 :

급여는 면접에서 경력과 능력에 따라 결정됩니다.

회사는 숙소, 의료보험, 연차 휴가 등의 모든 혜택을 제공합니다.

지원서 제출을 원하시는 분들은 지원서 양식을 작성하여 당사 홈페이지 (www. Arabiks.com)를 통하여 제출해주시기 바랍니다.

연락처 : 전화 - 32659771

문법설명

1 동사의 미완료 수동태

동사의 미완료 수동태는 주어표지어의 모음이 ___ُ___ 이고, 나머지 자음의 모음은 ___َ___ 이다. Ⅴ형, Ⅵ형, Ⅶ형, Ⅸ형은 능동형 자체가 수동의 의미를 가지는 경우가 많아 수동태로 쓰이는 경우가 드물다.

동사의 형	능동태	수동태	보기
Ⅰ	يَفْعَلُ، يَفْعُلُ، يَفْعِلُ	يُفْعَلُ	يُكْتَبُ (쓰여진다)
Ⅱ	يُفَعِّلُ	يُفَعَّلُ	يُقَدَّمُ (제출된다)
Ⅲ	يُفَاعِلُ	يُفَاعَلُ	يُشَاهَدُ (보여진다)
Ⅳ	يُفْعِلُ	يُفْعَلُ	يُرْسَلُ (보내진다)
Ⅷ	يَفْتَعِلُ	يُفْتَعَلُ	يُعْتَبَرُ (간주된다)
Ⅹ	يَسْتَفْعِلُ	يُسْتَفْعَلُ	يُسْتَخْدَمُ (사용된다)

2 능동분사와 수동분사

모든 파생형 동사의 능동분사는 어간에 مُـ 를 접두시키고 중간모음을 ـِ 로 하며, 수동분사는 능동분사의 중간모음 ـِ 를 ___َ___ 로 바꾼다.

형태 / 동사	완료형	능동분사	보기	수동분사	보기
Ⅰ	فَعَلَ	فَاعِلٌ	كَاتِبٌ	مَفْعُولٌ	مَكْتُوبٌ (쓰여진)
Ⅱ	فَعَّلَ	مُفَعِّلٌ	مُدَرِّسٌ	مُفَعَّلٌ	مُقَدَّمٌ (제공되는)

III	فَاعَلَ	مُفَاعِلٌ	مُسَافِرٌ	مُفَاعَلٌ	مُسَاعَدٌ (도움을 받는)
IV	أَفْعَلَ	مُفْعِلٌ	مُرْسِلٌ	مُفْعَلٌ	مُرْسَلٌ (보내지는)
V	تَفَعَّلَ	مُتَفَعِّلٌ	مُتَعَلِّمٌ	مُتَفَعَّلٌ	مُتَسَلَّمٌ (양도되는)
VI	تَفَاعَلَ	مُتَفَاعِلٌ	مُتَعَاوِنٌ	مُتَفَاعَلٌ	مُتَنَاوَلٌ (다루어지는)
VII	اِنْفَعَلَ	مُنْفَعِلٌ	مُنْصَرِفٌ	X	X
VIII	اِفْتَعَلَ	مُفْتَعِلٌ	مُسْتَمِعٌ	مُفْتَعَلٌ	مُعْتَبَرٌ (간주되는)
X	اِسْتَفْعَلَ	مُسْتَفْعِلٌ	مُسْتَخْدِمٌ	مُسْتَفْعَلٌ	مُسْتَخْدَمٌ (사용되는)

3 ... لَا تَقِلُّ عَنْ : 그것(여)은 ~이상이다, ~보다 적지 않다

그 회사는 직원에게 5년 이상의 경력을 요구합니다.

اَلشَّرِكَةُ تَطْلُبُ مِنَ الْمُوَظَّفِ خِبْرَةً لَا تَقِلُّ عَنْ خَمْسِ سَنَوَاتٍ.

그 프로그램의 이수율은 80퍼센트 이상입니다.

مُعَدَّلُ إِنْجَازِ الْبَرْنَامَجِ لَا يَقِلُّ عَنْ ٨٠ بِالْمِائَةِ.

듣기 (정답은 본문 참조)

1

2

3

4

5

6

7

8

9

10

11

12

13

14

15

쓰기

1 학력은 경영학 학사 학위가 요구됩니다.

(العلمية، تتطلب، البكالوريوس، إدارة، في، الأعمال، من، المؤهلات)

2 나는 자동차 회사에서 5년 이상의 기간 일했습니다.

(عملتُ، ، في، لا، سنوات، شركة سيارات، عن، تقلّ، لمدة، خمس)

3 당신은 이 서신을 아랍어에서 영어로 번역했습니까?

(الخطاب، من، هذا، ترجمتَ، اللغة الإنجليزية، هل، إلى، من، اللغة العربية)

4 그 회사는 실장에게 적절한 숙소와 의료 보험을 제공합니다.

(للمدير، توفّر، الشركة، المناسب، والتأمين، السكن، الطبّي)

5 나는 컴퓨터를 사용할 수 있는 능력이 있습니다.

(القدرة، على، عندي، الكمبيوتر، استعمال)

회화 테스트

1 قرأتُ إعلان التوظيف في موقع شركة تجارية على الإنترنت.

나는 한 무역회사 인터넷 사이트에서 채용공고를 읽었습니다.

2 يمكن أن يستخدم برنامج الكمبيوتر بإتقان.

그는 컴퓨터 프로그램을 능숙하게 사용할 수 있습니다.

3 الراتب تَحَدَّدَ بالمقابلة على حسب الخبرة والكفاءة.

급여는 면접에서 경력과 능력에 따라 정해졌습니다.

4 عليك أن تملأ استمارة الطلب وتقدّمها لمسئول التوظيف.

당신(남)은 신청서를 작성하여 채용 담당자에게 제출해야 합니다.

5 أرغب في أن أعمل في قسم التصدير.

나는 수출부서에서 일하고 싶습니다.

연습문제

본문을 듣고 질문에 답하시오.

문제 1 كم مدة الخبرة التي تطلبها الشركة في مجال التصدير؟

________ .

문제 2 كيف يحدّد الراتب؟

________ .

문제 3 هل يجب الراغبين بالتقدم للعمل أن يرسلوا استمارة التوظيف بالبريد؟

________ .

문제 4 빈칸에 들어갈 말로 알맞은 것을 고르시오.

A : هل قرأت الإعلان عن وظيفة شاغرة في شركة للسياحة؟

B : لا. لم أقرأه. ماذا تطلب الوظيفة؟

A : تطلب خبرة لا تقلّ عن ثلاث سنوات.

B : مع الأسف، ________ في تلك الوظيفة.

① أطلب خبرة خاصّة
② ليس عندي خبرة أبدا
③ عندي كثير من الخبرات
④ خبرتي لا تقلّ عن خمس سنوات

문제 5 빈칸에 들어갈 말로 알맞은 것을 고르시오.

A : أين عملت بعد التخرّج من الجامعة؟

B : عملت كسكرتيرة للمدير في الفندق.

A : ________ عملتِ في الفندق؟

B : عملت لمدة سنتين.

① كم سنة ② في أي سنة

③ في أي قسم ④ كم الراتب الشهري

문제 6-10 다음 문장을 수동태로 변형하시오.

6 الشركة ستحدّد راتب الموظف الجديد على حسب خبرته.

← ________.

7 لا تنشر الأستاذة كتاب اللغة العربية هذه السنة.

← ________.

8 يستخدم العرب اللغة العربية الفصحى واللهجات العامية معا.

← ________.

9 يعتبر أخي قراءة أخبار الرياضة أمرا هامّا.

← ______________________.

10 يرسل المراسل مقالات عن أخبار الحوادث للجريدة

← ______________________.

문제 11 다음 문장을 해석하시오.

إعْلَانٌ لِفُرَصِ تَوْظِيفٍ

شَرِكَةٌ كُبْرَى تَطْلُبُ موظّفين لِلْعَمَلِ لَدَيْهَا بِمَشَارِيعِهَا بِمَدِينَةِ دبيّ

اَلشَّرْطُ الْوَظِيفِيُّ : دَوَامٌ كَامِلٌ.
عَدَدُ الْوَظَائِفِ الشَّاغِرَةِ : ٣

أ الْعِلْمِيَّةُ الْمَطْلُوبَةُ :
١ – اَلْبَكَالُورِيُوس فِي الحساب
٢ – اَلْبَكَالُورِيُوس فِي اللُّغَةِ الْعَرَبِيَّةِ وَاللُّغَةِ الْكورية

اَلْمَهَارَاتُ :
١ – ب لَا تَقِلُّ عَنْ ثَلَاثِ سَنَوَاتٍ فِي مَجَالِ الحسابِ.
٢ – اِسْتِخْدَامُ أحدث برامج الكمبيوتر مثل" إِكْسِل (Excel)".
٣ – اَلْقُدْرَةُ عَلَى التَّرْجَمَةِ مِنَ الْعَرَبِيَّةِ إِلَى الْكُورِيَّة وَبِالْعَكْسِ.

إِرْسَالُ السِّيَرِ الذَّاتِيَّةِ عَلَى فَاكس ٠١٢٤٥٧٧٨٩

اَلْاِتِّصَالُ : رَقْمُ الْهَاتِفِ – ٤٠٦٥٩٢٧١

문제 12 빈칸 (أ) 에 들어갈 말로 알맞은 것을 고르시오.

① السنة ② العمر

③ المؤهّلات ④ الخدمات

문제 13 빈칸 (ب) 에 들어갈 말로 알맞은 것을 고르시오.

① مدة ② خبرة

③ معرفة ④ قدرات

제11과

اَلدَّرْسُ الْحَادِي عَشَرَ : أَيْنَ تَقَعُ الدُّوَلُ الْعَرَبِيَّةُ؟

아랍 국가는 어디에 위치하고 있나요?

학습 목표

- 수약 동사 활용에 대한 이해
- 중약 동사의 수동태

어휘

خَرِيطَةٌ (ج خَرَائِطُ)	지도
كَمَا تَرَيْنَ	당신(여)이 보듯이
عَالَمٌ (ج عَوَالِمُ)	세계, 세상
نَفْطٌ	석유
عَدَدٌ (ج أَعْدَادٌ)	수
دَوْلَةٌ (ج دُوَلٌ)	국가
جَامِعَةُ الدُّوَلِ الْعَرَبِيَّةِ	아랍 연맹
شِبْهٌ	반, 준, 유사한
شِبْهُ الْجَزِيرَةِ	반도
الْكُوَيْت	쿠웨이트
قَطَر	카타르
الْبَحْرَيْن	바레인
عُمَان	오만
اَلْإِمَارَات	아랍에미리트
وَقَعَ (ـَ)	위치하다, 넘어지다
قَارَّةٌ (ج ـ ات)	대륙

اَلْجَزَائِرُ	알제리
اَلصُّومَال	소말리아
جِيبُوتِي	지부티
اِشْتَهَرَ بِ	~으로 유명하다
مَصْدَرٌ (ج مَصَادِرُ)	자원
غَنِيَّةٌ	부유한
بِفَضْلِ	~ 덕분에
تَقَدَّمَ	(5형 동사) 발전하다, 전진하다
تَقَدُّمٌ	발전, 전진
اِقْتِصَادٌ	경제
إِضَافَةً إِلَى	~ 외에도
يَوْمًا مَا	언젠가, 어느 날인가는
تَقْوِيمٌ	달력
هِجْرِيٌّ	헤지라의
يَرْمُزُ إِلَى (بِ)	~을 (~으로) 상징하다, 나타내다

본문

فُؤَادٌ : هَذِهِ خَرِيطَةُ الْوَطَنِ الْعَرَبِيّ. وَكَمَا تَرَيْنَ، يَقَعُ الْوَطَنُ الْعَرَبِيّ وَسَطَ قَارَّاتٍ ثَلَاثٍ وَهِيَ آسِيَا وَإِفْرِيقِيَا وَأُورُوبَّا.

سُومِي : إِذَنْ، كَمْ عَدَدُ الدُّوَلِ الْعَرَبِيَّةِ؟

فُؤَادٌ : يَبْلُغُ عَدَدُ الدُّوَلِ الْعَرَبِيَّةِ 22 (اِثْنَتَيْنِ وَعِشْرِينَ) دَوْلَةً، وَهِيَ الدُّوَلُ الْأَعْضَاءُ فِي جَامِعَةِ الدُّوَلِ الْعَرَبِيَّةِ.

سُومِي : أَيْنَ تَقَعُ هَذِهِ الدُّوَلُ الْعَرَبِيَّةُ؟

فُؤَادٌ : مِنْ بَيْنِ الدُّوَلِ الْعَرَبِيَّةِ بَعْضُ الدُّوَلِ الَّتِي تَقَعُ فِي شِبْهِ الْجَزِيرَةِ الْعَرَبِيَّةِ مِثْلَ السُّعُودِيَّةِ وَالْكُوَيْت وَقَطَر وَالْبَحْرَيْن وَعُمَان وَالإِمَارَات وَالْيَمَنِ. وَهُنَاكَ أَيْضًا الْأُرْدُنُّ وَالْعِرَاقُ وَسُورِيَا وَلُبْنَانُ وَفِلَسْطِينُ.

سُومِي : إِذَنْ، مَا الدُّوَلُ الْعَرَبِيَّةُ الْوَاقِعَةُ فِي قَارَّةِ إِفْرِيقِيَا؟

فُؤَادٌ : هِيَ مِصْرُ وَالْجَزَائِرُ وَالْمَغْرِبُ وَتُونِسُ وَلِيبِيَا وَالسُّودَان وَالصُّومَال وَمُورِيتَانِيَا وَجِيبُوتِي وَجُزْرُ الْقَمَر وَهَكَذَا.

سُومِي : وَبِمَاذَا تَشْتَهِرُ الدُّوَلُ الْعَرَبِيَّةُ؟

فُؤَادٌ : تَشْتَهِرُ مُعْظَمُ الدُّوَلِ الْعَرَبِيَّةِ بِالأَمَاكِنِ السِّيَاحِيَّةِ وَالآثَارِ التَّارِيخِيَّةِ الرَّائِعَةِ إِضَافَةً إِلَى الْمَصَادِرِ الطَّبِيعِيَّةِ مِثْلَ النَّفْطِ وَالْغَازِ الطَّبِيعِيِّ.

سُومِي : أَعْتَقِدُ أَنَّ الدُّوَلَ الْعَرَبِيَّةَ لَيْسَتْ كُلُّهَا غَنِيَّةً بِالنَّفْطِ.

فُؤَادٌ : مَعَكِ حَقٌّ. بَعْضُ الدُّوَّلِ مِثْلَ السُّعُودِيَّةِ وَالْكُوَيْتِ وَالإِمَارَاتِ وَالْعِرَاقِ وَلِيبِيَا وَالْجَزَائِرِ غَنِيَّةٌ بِالنَّفْطِ. وَبِفَضْلِ النَّفْطِ، تَقَدَّمَ اِقْتِصَادُ بعض الدُّوَّلُ الْعَرَبِيَّةُ بِشَكْلٍ مَلْحُوظٍ.

سُومِي : وَاللهِ أَتَمَنَّى أَنْ أَزُورَ الدُّوَلَ الْعَرَبِيَّةَ يَوْمًا مَا لِأَنَّ الْعَالَمَ الْعَرَبِيَّ مَهْدُ الْحَضَارَاتِ الْقَدِيمَةِ.

فُؤَادٌ : كَلَامُكِ صَحِيح. وعِنْدَ زِيَارَتِكِ لِلْوَطَنِ الْعَرَبِيّ، سَتَتَعَلَّمِينَ أَشْيَاءَ كَثِيرَةً هُنَاكَ.

سُومِي : عَلَى فِكْرَة، سَمِعْتُ أَنَّ الدُّوَلَ الْعَرَبِيَّة تَسْتَخْدِمُ فِي حِسَابِ الشُّهُورِ وَالسِّنِين التَّقْوِيمَ الْهِجْرِيَّ وَيُرْمَزُ إِلَيْهِ بِحَرْفِ الْهَاء"ه".

فُؤَادٌ : وَإِلَى جَانِبِهِ تَسْتَخْدِمُ الدُّوَل الْعَرَبِيَّة التَّقْوِيمَ الْمِيلَادِيّ وَيُرْمَزُ إِلَيْهِ بِحَرْفِ الْمِيم "م".

سُومِي : لَقَدْ تَعَلَّمْتُ أَسْمَاءَ الشُّهُور الْهِجْرِيَّة وَالْمِيلَادِيَّة. وَأَعْرِفُ أَنَّ التَّقْوِيمَ الْمِيلَادِيّ نِسْبَةً إِلَى مِيلَادِ السَّيِّد الْمَسِيح.

فُؤَادٌ : صَحِيحٌ. أَمَا التَّقْوِيمُ الْهِجْرِيُّ فَهُوَ يَتَعَلَّقُ بِيَوْمِ هِجْرَةِ الرَّسُولِ مُحَمَّد مِن مَكَّةَ إِلَى الْمَدِينَة.

سُومِي: جَمِيل. لَعَلَّ هَذَا الْيَوْمَ يَوْمٌ مُهِمٌّ جِدًّا فِي تَارِيخِ الْإِسْلَام.

본문해석

푸아드: 이것이 아랍 세계지도입니다. 당신이 보는 것처럼, 아랍 세계는 3개 대륙 아시아, 아프리카, 유럽의 중앙에 위치하고 있습니다.

수미: 그럼 아랍 국가들의 수는 몇 개인가요?

푸아드: 아랍 국가들의 수는 22개국이고, 그것들은 아랍 연맹의 회원국들입니다.

수미: 이 아랍국가는 어디에 위치하나요?

푸아드: 아랍 국가들 중에는 사우디아라비아, 쿠웨이트, 카타르, 바레인, 오만, 아랍에미리트, 예멘과 같이 아라비아반도에 위치하고 있는 국가가 있습니다. 또한 요르단, 이라크, 시리아, 레바논, 팔레스타인도 있어요.

수미: 그럼 아프리카 대륙에 위치하고 있는 아랍국가는 무엇인가요?

푸아드: 그것은 이집트, 알제리, 모로코, 튀니지, 리비아, 수단, 소말리아, 지부티, 모리타니아, 코모로군도 등입니다.

수미: 아랍 국가들은 무엇으로 유명한가요?

푸아드: 대부분의 아랍 국가들은 석유, 천연가스와 같은 천연자원 이외에도 관광명소와 멋진 역사적 유적들로 유명합니다.

수미: 모든 아랍국가들이 석유가 풍부한 것은 아니라고 믿어요.

푸아드: (당신이) 맞습니다. 사우디아라비아, 쿠웨이트. 아랍에미리트, 이라크, 리비아, 알제리 같은 일부 국가들이 석유가 풍부합니다. 석유 덕분에 일부 아랍 국가들의 경제는 괄목할만한 발전을 이룩했어요.

수미: 정말 나는 언젠가 아랍 국가들을 방문해 보고 싶어요. 왜냐하면 아랍 세계는 고대 문명들의 요람이니까요.

푸아드: 당신의 말이 맞습니다. 당신이 아랍 세계를 방문해 보면, 많은 것들을 배우게 될 거예요.

수미: 그런데 아랍 국가들이 달과 연도 계산에 있어 자음 'hāʔ'로 상징되는 헤지라력을 사용한다고 들었어요.

푸아드: 그것 외에 자음 'mīm'으로 상징되는 서양력도 함께 사용한답니다.

수미: 나는 헤지라력과 서양력의 달 이름들을 배웠어요. 그리고 서양력이 예수님 탄생과 관련 있다는 것을 알아요.

푸아드: 맞습니다. 헤지라력에 대해 보자면 그것은 사도 무함마드가 메카에서 메디나로 이주한 것과 관련이 있습니다.

수미: 그렇군요. 아마도 이날은 이슬람 역사에서 매우 중요한 날이겠네요.

문법설명

1 بَلَغَ '~에 달하다'

동사 بَلَغَ 는 '(수치가) ~에 달한다' '얼마가 된다'는 의미로 사용된다. 숫자가 목적어로 사용될 때는 직접 목적어로 사용된다. 같은 의미로 وَصَلَ إِلَى 를 사용하기도 한다.

학생 수가 1,500명에 달했다.

بَلَغَ عَدَدُ الطُّلَابِ أَلْفًا وَخَمْسَمِائَةِ طَالِبٍ.

인터넷 이용자 수가 2018년 말에 35억 명에 달했다.

وَصَلَ عَدَدُ مُسْتَخْدِمِي الْإِنْتِرْنِت إِلَى ثَلَاثَةِ مِلْيَارَاتٍ وَخَمْسِمِائَةِ مِلْيُون شَخْصٍ فِي نِهَايَةِ عَامِ 2018م.

어제 유가가 배럴당 33달러에 달했다.

بَلَغَ سِعْرُ النَّفْطِ ثَلَاثَةً وَثَلَاثِينَ دُولَارًا لِلْبَرْمِيل أَمْسِ.

2 중약 동사의 수동태

원형동사 수동태 완료형은 فُعِلَ 형태이고 사자음 동사 수동태의 완료형은 تُفْعِلَ 형태이다.

그 편지는 아랍어로 쓰여졌다.

كُتِبَتِ الرِّسَالَةُ بِاللُّغَةِ الْعَرَبِيَّةِ.

그 소설은 한국어에서 아랍어로 번역되었다.

تُرْجِمَتِ الْقِصَّةُ مِنَ الْكُورِيَّةِ إِلَى الْعَرَبِيَّةِ.

중약 동사의 경우 완료 활용과 미완료 활용에서 중약 동사의 약자음은 제 1근 자음이 갖고 있는 모음의 장모음으로 변화된다.

	완료 동사		미완료 동사	
	능동태	수동태	능동태	수동태
원형	بَاعَ (ي)	بِيعَ	يَبِيعُ	يُبَاعُ
	قَالَ (و)	قِيلَ	يَقُولُ	يُقَالُ
2형	صَيَّرَ	صُيِّرَ	يُصَيِّرُ	يُصَيَّرُ
	قَوَّمَ	قُوِّمَ	يُقَوِّمُ	يُقَوَّمُ
3형	عَاوَنَ	عُووِنَ	يُعَاوِنُ	يُعَاوَنُ
4형	أَقَامَ	أُقِيمَ	يُقِيمُ	يُقَامُ
5형	تَوَفَّى	تُوُفِّيَ	يَتَوَفَّى	--
6형	تَعَاوَنَ	تُعُووِنَ	يَتَعَاوَنُ	يُتَعَاوَنَ
8형	اِخْتَارَ	أُخْتِيرَ	يَخْتَارُ	يُخْتَارُ
10형	اِسْتَعَادَ	أُسْتُعِيدَ	يَسْتَعِيدُ	يُسْتَعَادُ

3 فَعَّالٌ : 직업 표시 명사

원형동사에서 파생된 فَعَّالٌ 형태의 명사는 동사의 의미가 담긴 일을 하는 사람을 의미한다.

رَسَمَ	그리다	رَسَّامٌ	화가
صَرَفَ	환전하다	صَرَّافٌ	환전원
عَدَا	달리다	عَدَّاءٌ	주자
عَطَرَ	향기를 풍기다	عَطَّارٌ	향수 제조인, 향료 판매인
مَسَحَ	측량하다	مَسَّاحٌ	측량사

4 رَأَى (보다, 생각하다) 동사의 완료 및 미완료 활용

* رَأَى 동사의 완료 활용

인칭 / 수	1인칭	2인칭 여성	2인칭 남성	3인칭 여성	3인칭 남성
단수	رَأَيْتُ	رَأَيْتِ	رَأَيْتَ	رَأَتْ	رَأَى
양수		رَأَيْتُمَا		رَأَيَتَا	رَأَيَا
복수	رَأَيْنَا	رَأَيْتُنَّ	رَأَيْتُمْ	رَأَيْنَ	رَأَوْا

* رَأَى 동사의 미완료 직설법 활용

수 \ 인칭	1인칭	2인칭 여성	2인칭 남성	3인칭 여성	3인칭 남성
단수	أَرَى	تَرَيْنَ	تَرَى	تَرَى	يَرَى
양수		تَرَيَانِ		تَرَيَانِ	يَرَيَانِ
복수	نَرَى	تَرَيْنَ	تَرَوْنَ	يَرَيْنَ	يَرَوْنَ

* رَأَى 동사의 미완료 접속법 활용

수 \ 인칭	1인칭	2인칭 여성	2인칭 남성	3인칭 여성	3인칭 남성
단수	أَرَى	تَرَيْ	تَرَى	تَرَى	يَرَى
양수		تَرَيَا		تَرَيَا	يَرَيَا
복수	نَرَى	تَرَيْنَ	تَرَوْا	يَرَيْنَ	يَرَوْا

나는 조만간 당신(여)을 보기를 희망합니다.

أَتَمَنَّى أَنْ أَرَاكِ قَرِيبًا.

직원들은 당분간 그들의 실장을 볼 수 없을 것입니다, 왜냐하면 그는 휴가를 갈 것입니다.

اَلْمُوَظَّفُون لَنْ يَرَوْا مُدِيرَهُمْ لِفَتْرَةٍ لِأَنَّهُ سَيَأْخُذُ إِجَازَةً.

* رَأَى 동사의 미완료 단축법 활용

인칭 / 수	1인칭	2인칭 여성	2인칭 남성	3인칭 여성	3인칭 남성
단수	أَرَ	تَرَيْ	تَرَ	تَرَ	يَرَ
양수		تَرَيَا		تَرَيَا	يَرَيَا
복수	نَرَ	تَرَيْنَ	تَرَوْا	يَرَيْنَ	يَرَوْا

오랜만입니다(나는 당신을 오래전부터 보지 못했습니다).

لَمْ أَرَكَ مُنْذُ زَمَنٍ طَوِيلٍ.

그들은 대학교를 졸업한 이후로 파티마를 보지 못했습니다.

لَمْ يَرَوْا فَاطِمَةَ بَعْدَ تَخَرُّجِهِمْ مِنَ الْجَامِعَةِ.

* رَأَى 동사의 명령형 활용

인칭 / 수	2인칭 여성	2인칭 남성
단수	رَيْ	رَ
양수	رَيَا	
복수	رَيْنَ	رَوْا

5 아랍 국가와 수도

국가		수도	
اَلْمَمْلَكَةُ الْعَرَبِيَّةُ السُّعُودِيَّةُ	사우디아라비아	اَلرِّيَاضُ	리야드
مِصْرُ	이집트	اَلْقَاهِرَةُ	카이로
اَلْعِرَاقُ	이라크	بَغْدَادُ	바그다드
اَلْأُرْدُنُّ	요르단	عَمَّانُ	암만
سُورِيَا	시리아	دِمَشْقُ	다마스쿠스
لُبْنَانُ	레바논	بَيْرُوتُ	베이루트
اَلْإِمَارَاتُ الْعَرَبِيَّةُ الْمُتَّحِدَةُ	아랍에미리트	أَبُو ظَبْيٍ	아부다비
اَلْكُوَيْتُ	쿠웨이트	مَدِينَةُ الْكُوَيْتِ	쿠웨이트 시
قَطَرُ	카타르	اَلدَّوْحَةُ	도하
اَلْبَحْرَيْنِ	바레인	اَلْمَنَامَةُ	마나마
عُمَانُ	오만	مَسْقَطُ	무스카트
اَلْيَمَنُ	예멘	صَنْعَاءُ	사나
تُونِسُ	튀니지	تُونِسُ	튀니스
اَلسُّودَانُ	수단	اَلْخَرْطُومُ	카르툼

اَلْمَغْرِبُ	모로코	اَلرِّبَاطُ	라바트
اَلْجَزَائِرُ	알제리	اَلْجَزَائِرُ	알제
لِيبْيَا	리비아	طَرَابُلُسُ	트리폴리
جِيبُوتِي	지부티	جِيبُوتِي	지부티
جُزُرُ الْقَمَرِ	코모로군도	مُورُونِي	모로니
اَلصُّومَال	소말리아	مَقْدِيشُو	마카디슈
مُورِيتَانِيَا	모리타니	نُوَاكْشُوط	누왁슈트

듣기 (정답은 본문 참조)

1

2

3

4

5

6

7

8

9

10

11

12

13

14

15

16

17

18

19

20

21

쓰기

1 모든 아랍 국가가 천연가스가 풍부한 것은 아니다.

(كل، الدول العربية، الغاز الطبيعي، غَنِيَّة بِـ، ليس)

2 아프리카에 위치한 아랍 국가로는 리비아, 알제리 등이 있다.

(فَـ، هي، الدول ، العربية، أَمَّا، التي، في، ليبيا، تقع، قارة، إفريقيا، والجزائر، وغيرها)

3 일부 아랍 국가들은 천연자원 덕분에 큰 발전을 이룩했다.

(تقدّمت، بشكل، ملحوظ، بفضل، بعض، الطبيعية، البلدان العربية، المصادر)

4 아랍 세계는 피라미드, 스핑크스, 페트라, 팔미라 같은 위대한 역사적 유적들로 유명하다.

(مشهور بـ، العالم العربي، والبتراء، وتدمر، وأبي الهول، الأهرامات، الرائعة، التاريخية، الآثار، مثل)

5 아랍 국가들에서는 헤지라력과 서양력이 함께 사용된다.

(التقويم الهجريّ، يُستخدم، والتقويم الميلاديّ، في، العربية، الدول، معا)

회화 테스트

1 تَقَعُ البلدان العربية في قَارَّتَيْ آسِيَا وَإِفْرِيقِيَا.

아랍 국가들은 아시아, 아프리카 두 대륙에 위치하고 있다.

2 تَحُدُّ الْوَطَنَ الْعَرَبِيَّ مِنَ الشَّمَالِ تُرْكِيَا وَالْبَحْرُ الْأَبْيَضُ الْمُتَوَسِّطُ.

아랍 세계의 북쪽은 터키와 지중해가 경계를 이루고 있다.

3 أَمَّا الدُّوَلُ الْعَرَبِيَّةُ الَّتِي تَقَعُ فِي قَارَّةِ إِفْرِيقِيَا فَهِيَ مِصْرُ وَالسُّودَانُ
وَالْجَزَائِرُ وَلِيبِيَا وَغَيْرُهَا.

아프리카 대륙에 위치하고 있는 아랍 국가들에 대해 보자면 그것은 이집트, 수단, 알제리, 리비아 등이다.

4 لَيْسَتْ كُلُّ الدُّوَلِ الْعَرَبِيَّةِ مَشْهُورَةً بِإِنْتَاجِ النَّفْطِ وَالْمَعَادِنِ.

모든 아랍 국가들이 석유와 광물 생산으로 유명한 것은 아니다.

5 تَمَ تَأْسِيسُ جَامِعَةِ الدُّوَلِ الْعَرَبِيَّةِ فِي عَام 1945(ألف وتسعمائة
وخمسة وأربعين)م، وَيَقَعُ مَقَرُّهَا فِي الْقَاهِرَةِ.

아랍 연맹은 서기 1945년에 창립되었고 그 본부는 카이로에 위치하고 있다.

연습문제

본문을 듣고 질문에 답하시오.

문제 1

أَيْنَ يَقَعُ الْوَطَنُ الْعَرَبِيُّ؟

.

문제 2

كم عدد الدول العربية؟

.

문제 3

مَا هِيَ الدُّوَلُ الْعَرَبِيَّةُ الَّتِي تَقَعُ فِي قَارَّةِ إِفْرِيقِيَا؟

.

문제 4

بماذا تشتهر الدول العربية؟

.

문제 5

بماذا يتعلّق التقويم الهجري؟

.

문제 6 다음 문장을 해석 하시오.

فِي الْعَالَمِ الْعَرَبِيِّ أَنْظِمَةُ حُكْمٍ مُخْتَلِفَةٌ مِثْلَ أَنْظِمَةٍ جُمْهُورِيَّةٍ وَمَلَكِيَّةٍ وَأَمِيرِيَّةٍ وَسُلْطَانِيَّةٍ. من بين اَلدُّول الْعَرَبِيَّة الَّتِي تَتْبَعُ النِّظَامَ الْجُمْهُورِيَّ تُونِسُ وَالْجَزَائِرُ وَمِصْرُ والسودان وَجِيبُوتِي وَالصُّومَالُ وَالْعِرَاقُ وَفِلَسْطِينُ وَلُبْنَانُ وَمُورِيتَانِيَا وغيرها. أمّا الدُّوَلُ الَّتِي تَتْبَعُ النِّظَامَ الْمَلَكِيَّ فَهِيَ السُّعُودِيَّةُ وَالْأُرْدُنُّ وَالْمَغْرِبُ وَالْبَحْرَيْنُ. وهناك قَطَرُ وَالْكُوَيْتُ (أ) تَتْبَعَانِ النِّظَامَ الأَمِيرِيَّ، بينما تَتْبَعُ (ب) النِّظَامَ السُّلْطَانِيَّ.

문제 7 위 문장에서 빈칸 (أ) 에 들어갈 말로 알맞은 것을 고르시오.

① حيث ② اللّتان
③ بِالنِّسْبَةِ ④ إضافة

문제 8 위 문장에서 빈칸 (ب) 에 들어갈 말로 알맞은 것을 고르시오.

① دبي ② سوريا
③ عُمَانُ ④ جزر القمر

문제 9 다음 문장을 해석하시오.

في العالم العربي، عَدَدُ الْوِزَارَاتِ وَأَنْوَاعُهَا وَمُسَمَّيَاتُهَا تَخْتَلِفُ مِنْ بَلَدٍ إِلَى آخَرَ (أ) ظُرُوفِهِ الخَاصَّةِ.

من بين أهَمّ الْوِزَارَاتِ، وِزَارَةُ التَّرْبِيَةِ وَالتَّعْلِيمِ التي تَتَوَلَّى مُهِمَّةَ التَّعْلِيمِ قَبْلَ الْجَامِعَةِ أي في المدارس، وَتُسَمَّى بوزَارَة الْمَعَارِفِ فِي بَعْضَ الْدول. ووزَارَةُ التَّعْلِيمِ الْعَالِي وَالْبَحْثِ الْعِلْمِيّ التي تشرف على مُهِمَّة التَّعْلِيمِ وَالْبَحْثِ فِي الْجَامِعَةِ وَبَعْدَهَا. وهناك وِزَارَةُ الْمَالِيَّةِ وَالْاِقْتِصَادِ ووِزَارَةُ الزِّرَاعَةِ وَالثَّرَوَاتِ البحرية والْحَيَوَانِيَّة، ووِزَارَةُ التِّجَارَةِ التي تشرف على (ب) وَالْاِسْتِيرَاد.

(ج) وِزَارَةُ الْخَارِجِيَّة فتَتَوَلَّى تنظيم عَلَاقَات الدَّوْلَةِ بِالدُّوَلِ الْأُخْرَى بينما تتولّى وِزَارَةُ الدَّاخِلِيَّةِ مَهَامَّ الْأَمْنِ دَاخِلَ الْوَطَنِ. بينما تتولّى وِزَارَةُ الدِّفَاعِ مهام الدِّفَاع عَنِ الْوَطَنِ ضِدَّ الْهُجُومِ مِنْ الْخَارِجِ وتشرف على اَلْجَيْش مثل الْقُوَّات الْبَرِّيَّةِ وَالْقُوَّات الْبحْرِيَّةِ وَالْقُوَّات الْجَوِّيَّةِ. كما تهتمّ وِزَارَةُ الثَّقَافَةِ بِالْمَسْرَح والسِّينِمَا والرَّسْم والأَدَب وغيرها. وتشرف وِزَارَةُ الإِعْلَام على الْإِذَاعَةُ والصُّحُفُ والتِّلِيفِزِيُونَ وتوفّر المَعْلُومَات عَن الْوَطَنِ. وهناك أيضا وِزَارَةُ الْعَدْلِ التي تشرف على الْقَضَاء والْمَحَاكِم ووزَارَةُ الشَّبَابِ وَالرِّيَاضَةِ، ووِزَارَةُ الشُّؤُون الْاِجْتِمَاعِيَّةِ التي تهتم بالْأُسْرَة والعمّال والمحرومين ووزَارَةُ الْإِسْكَان التي تهتمّ بإِنْشَاءُ الْمَسَاكِن الشَّعْبِيَّة وتخطيط المدن، ووِزَارَةُ التَّمْوِين التي تهتمّ بتوفير اَلْخُبْز واللَّحْم والخُضَر والسُّكَّر والشَّاي والزَّيْت وغيرها من الحبوب الغذائية، ووِزَارَةُ السِّيَاحَةِ التي تهتمّ بالسِّيَّاحُ

الْأَجَانِبِ و شَرَكَات الطَّيَران وَالْفَنَادِق، ووِزَارَةُ الصِّنَاعَةِ التي تشرف على الْمَصَانِع والمناجم، ووِزَارَةُ الْأَوْقَافِ المسؤولة عن الشؤون الدينية والمساجد، ووِزَارَةُ التَّخْطِيطِ التي تهتمّ بتخطيط وتنفيذ مشاريع الدَّوْلَةِ فِي الْمُسْتَقْبَلِ (د) إِلَى وِزَارَةِ النقل والاتصالات.

문제 10 위 문장에서 빈칸 (أ)에 들어갈 말로 알맞은 것을 고르시오.

① حسب ② بين
③ جانب ④ تَنَاوُل

문제 11 위 문장에서 빈칸 (ب)에 들어갈 말로 알맞은 것을 고르시오.

① البيعِ ② الشراءِ
③ الإنتاجِ ④ التَّصْدِيرِ

문제 12 위 문장에서 빈칸 (ج)에 들어갈 말로 알맞은 것을 고르시오.

① أَنْ ② أَنَّ
③ أَمَّا ④ الَّذِي

문제 13 위 문장에서 빈칸 (د)에 들어갈 말로 알맞은 것을 고르시오.

① فَوْقَ ② حَتَّى

③ بِسَبَب ④ إِضَافَةً

제12과

اَلدَّرْسُ الثَّانِيَ عَشَرَ : عِيدٌ سَعِيدٌ

즐거운 명절 보내시기 바랍니다

학습 목표

- 한국과 아랍의 명절 소개하기
- 명절 인사 표현 이해하기
- 아랍어의 날짜 표현
- 파생형 동사 명령형의 이해

어휘

عِيدٌ (ج أَعْيَادٌ)	명절
يُصَادِفُ	(날짜가) 일치하다, 우연히 만나다
حَسَبَ	~에 따라, 의거하여
أَهَمّ	가장 중요한
اِحْتَفَلَ بِـ	~을 기념하다
رَغْمَ	~에도 불구하고
لَا يَزَالُ	그는 여전히 ~하다
يَسْعَوْنَ إِلَى	그들은 ~를 하고자 노력한다
اَلْحِفَاظ عَلَى	~의 보존, 유지
عِيدُ الْفِطْر	단식 종료절
مُسْلِمٌ (ج - ون)	무슬림
شوّال	이슬람력 10월
ولى (يَ)	오다, 연속되다
عِيدُ الأَضْحَى	희생절
شَهْر ذِي الْحِجَّة	이슬람력 12월
صِيَام	단식

رَمَضَانُ	라마단, 이슬람력 9월
أَفْطَرَ	아침을 먹다, 단식이 끝나고 식사하다
حَرَّمَ	금지시키다, 끝내다
اِسْتَمَرَّ	계속되다
أَدَّى	이끌다, 수행하다
شُرُوقٍ	떠오름, 일출
صَلاَةٌ	예배
اِلْتَقَى بـ (مع)	~를 만나다
أَهْلٌ (ج أَهَالٍ)	가족, 친지
قَرِيبٌ (ج أَقْرِبَاء)	친척
وَافَقَ	일치하다, 동의하다
فَجْرٌ	새벽
صَلَّى	예배하다
مُصَلَّى	예배 장소
جَازَ (ـُ)	허용하다, 통과하다
اِنْتَشَرَ	퍼지다, 전파되다
ذَبْحٌ	도살, 제물로 바침

أَضْحِيَّة (ج أَضْحِيَّات، أَضَاحٍ)	제물
اِعْتَادَ	익숙하다, 관습화되다
مُصَافَحَةٌ	악수
تَقَبَّلَ	(기도를) 받아들이다
تَهْنِئَةٌ (ج تَهَانِي)	축하

본문

يَحْتَفِلُ الْكُورِيُّون بِبَعْضِ الْأَعْيَادِ الْخَاصَّةِ مِنْهَا عِيد" سول" أَيْ عِيدُ رَأْسِ السَّنَةِ الْقَمَرِيَّةِ الْجَدِيدَةِ الَّذِي يُصَادِفُ الْأَوَّلَ مِنَ الشَّهْرِ الْأَوَّل حَسَبَ التَّقْوِيمِ الْقَمَرِيّ.

وَهُنَاكَ أَيْضًا عِيد "تشوسوك" أَيْ عِيدُ الْحَصَادِ الْكُورِيّ التَّقْلِيدِيّ الَّذِي يَحْتَفِلُ بِهِ الْكُورِيُون فِي الْخَامِسَ عَشَرَ مِن الشَّهْرِ الثَّامِنِ حَسَبَ التَّقْوِيمِ الْقَمَرِيّ. وَرَغْمَ مُرُورِ الزَّمَنِ الطَّوِيل، لَا يَزَالُ الْكُورِيُون يَسْعَوْن إِلَى الْحِفَاظ عَلَى الْعَادَات والتَّقَالِيدِ الْخَاصَّةِ بِالْأَعْيَاد.

فِي الْعَالَمِ الْعَرَبِيّ أَيْضًا يُوجَدُ بَعْضُ الْأَعْيَادِ مِنْها عِيدُ الْفِطْر الَّذِي يَحْتَفِلُ بِهِ الْمُسْلِمُون فِي أَوَّلِ يَوْمٍ مِنْ أَيَامِ شَهْرِ شوّال، وَهُوَ الَّذِي يُسَمَّى بِالْعِيد الصَّغِير بَيْنَ الْمُسْلِمِين.

وَعِيدُ الْفِطْرِ يَأْتِي بَعْدَ شَهْرِ رَمَضَانَ وَيكُونُ أَوَّلَ يَوْمٍ يُفْطِرُ فِيهِ الْمُسْلِمُونَ بَعْدَ صِيَامِ الشَّهْرِ كُلِّهِ وَلِذَلِكَ يُسَمَّى بِعِيدِ الْفِطْرِ.

وَيَسْتَمِرُّ الْعِيدُ لِمُدَّةِ ثَلَاثَةِ أَيَامٍ. وَيُؤَدِّي الْمُسْلِمُونَ فِي صَبَاحِ الْعِيدِ بَعْدَ شُرُوقِ الشَّمْسِ صَلَاةَ الْعِيدِ وَيَلْتَقِي الْمُسْلِمُونَ فِي الْعِيدِ وَيَتَبَادَلُون التَّهَانِي وَيَزُورُونَ أَهْلَهُمْ وَأَقْرِبَاءَهُمْ.

أَمَّا عِيدُ الأَضْحَى فَيُعْتَبَرُ مِنْ أَكْبَرِ الأَعْيَادِ فِي الْعَالَمِ الْعَرَبِيّ وَالإِسْلَامِيّ. حَيْثُ يُصادفُ الْيَوْمَ الْعَاشِرَ مِنْ شَهْرِ ذي الحجّة أي الشهر الثاني عشر حسب التقويم الهجري، وَهُوَ الَّذِي يُسَمَّى بِالْعِيد الْكَبِير بَيْنَ الْمُسْلِمِين.

تَبْدَأُ اِحْتِفَالاَتُ عِيدِ الأَضْحَى بِأَدَاءِ صَلَّاةِ الْعِيدِ فَجْرَ الْيَوْمِ الأَوَّلِ مِنَ الْعِيدِ الَّذِي يَسْتَمِرُّ أَرْبَعَةَ أَيَامٍ.

وَتُصَلَّى هَذِهِ الصَّلاَةُ فِي مُصَلَّى خَارِجَ الْمَسْجِدِ. كَمَا أَنَّهَا تَجُوزُ دَاخِلَ الْمَسَاجِدِ أَيْضًا. وَبَعْدَ أَدَاءِ الصَّلاَّةِ يَنْتَشِرُ الْمُسْلِمُونَ لِيَقُومُوا بِذَبْحِ أَضْحِيَاتِهِمْ.

وَاعْتَادَ العرب الْمُسْلِمُونَ تَبَادُلَ التَّحِيَّات لِبَعْضِهِمِ الْبَعْضِ فَوْرَ انْتِهَائِهِمْ مِنْ أَدَاءِ صَلاَّةِ الْعِيدِ حَيْثُ يَقُومُ كُلُّ مُسْلِمٍ بِمُصَافَحَةِ الْمُسْلِمِ قَائِلاً "تَقَبَّل الله مِنَّا وَمِنْكم صَالِحَ الأَعْمَال" ثُمَّ يَقُولُ لَهُ "كَلّ عَام وَأَنْتُمْ بِخَيْر".

본문해석

한국인들은 몇 가지 명절을 기념하는데 그중에는 음력으로 1월1일에 해당하는(일치하는) 설날이 있다.

또한 음력 8월15일에 기념하는 한국의 추수감사절인 '추석'이 있다. 오랜 시간이 흘렀음에도 불구하고, 한국인들은 여전히 명절의 관습과 전통을 보존하는 데 관심이 있다.

아랍 세계에도 몇 개의 명절이 있는데 그중에는 무슬림들이 이슬람력 10월 1일에 기념하는 이드 알피트르(단식종료절)가 있다. 이것은 무슬림들 사이에서 '작은 명절'이라고 불리는 명절이다.

이드 알피트르는 라마단이 끝난 뒤에 시작되고, 무슬림들이 한 달간의 금식 이후 식사를 하는 첫째 날이다. 그래서 이드 알피트르라고 불린다.

이 명절은 3일 동안 계속된다. 무슬림들은 해가 뜬 이후 예배를 드리고, 서로 만나 축하 인사를 나누며, 가족들과 친척들을 방문한다.

이드 알아드하에 관해 보자면 이것은 아랍 이슬람 세계에서 가장 큰 명절 중 하나이다. 이것은 이슬람력 12월 즉, 샤흐르 디 힛자 10일에 해당된다. 이것은 무슬림들 사이에서 '큰 명절'이라고 불리는 명절이다.

이드 알아드하 기념행사는 첫째 날 새벽 기도를 드린 뒤 시작되고 이 명절은 4일간 계속된다.

이 기도는 사원 밖 기도실에서 행해지며 또한 사원 내부에서 행해지기도 한다. 기도가 끝나면 무슬림들은 희생물들(가축)을 도축하기 위해 흩어진다.

아랍 무슬림들은 이드 예배를 마친 후 서로서로에게 인사를 주고받는 것에 익숙해져 있다. 무슬림들은 악수를 하며 '알라께서 우리와 당신들로부터 선한 일들을 받아주시기 빕니다' 라고 말하며, 그리고나서 '매년 당신들이 잘 지내기 빕니다'라고 말한다.

문법설명

1 명절 인사말

아랍인들이 명절이나 새해에 즐겨 사용하는 인사말은 다음과 같다.

كُلّ عَامٍ وَأَنْتُمْ بِخَيْرٍ (طَيِّبُون). كُلّ سنةٍ وَأَنْتُمْ بِخَيْرٍ (طَيِّبُون).	새해 복 많이 받으세요 (매년 당신이 잘 지내길 빕니다)
عِيدٌ سِعيدٌ (مُبَارَكٌ).	행복한(축복받은) 명절(보내세요).
أَعَادَهُ الله عَلَيْكُمْ بِالْخَيْرِ وَالْبَرَكَاتِ.	알라께서 행복과 축복들이 함께 하도록 당신들께 되돌려 주시길.

2 إِذَا의 조건절

إِذَا 는 '만일 ~라면'이라는 의미로서 조건절을 이끌며, 보통 완료형 동사와 함께 사용된다. 귀결절에서는 완료 동사나 미완료 동사가 온다. 비슷한 의미로 لَوْ، إِنْ 를 사용하기도 한다.

만일 내일 비가 온다면, 나는 등산하러 가지 않을 것입니다.

إِذَا كَانَ الْجَوُّ ممطرا غدًا، فَلَنْ أَذْهَبَ لِتَسَلُّقِ الْجبلِ.

만일 당신이 지금 학교에서 출발한다면, 한 시간 후에 영화관에 도착할 수 있을 거예요.

إِذَا غَادَرْتَ الْمدرسةَ الْآنَ، فَيُمْكِنُكَ أَنْ تَصِلَ إِلَى السِّينِمَا بَعْدَ سَاعَةٍ.

만일 당신이 내 의사라면, 내가 당신으로부터 치유될 수 있도록 나를 도와주세요.

إِنْ كُنْتَ طَبِيبِي، سَاعِدْنِي كَيْ أُشْفَى مِنْكَ.

لَوْ는 실현 불가능한 가정이나 사실에 반대되는 가정을 나타낼 때 쓰이며 조건절에는 완료 동사가 온다. 귀결절에는 완료동사가 오며 문두에 لَ가 접두되기도 한다.

만일 당신이 열심히 공부했으면 시험에 합격했을 텐데요.

لَوْ دَرَسْتَ بِجِدٍّ لَنَجَحْتَ فِي امْتِحَانِ التَّارِيخ.

만일 내게 돈이 있다면 이집트로 여행 갈 텐데…

لَوْ كَانَ عِنْدِي نُقُودٌ لَسَافَرْتُ إِلَى مِصْر.

3 아랍어의 날짜 표현

아랍어에서 날짜를 표현할 때 일자는 서수로 표현하고, 월의 명칭 앞에는 보통 전치사 مِنْ이 온다.

오늘은 8월 12일이다.

اَلْيَوْمُ هُوَ الثَّانِيَ عَشَرَ مِنْ شَهْرِ أُغُسْطُس.

한국에서 어린이날은 5월 5일이다(에 일치한다).

يُصَادِفُ عِيدُ الْأَطْفَال الْخَامِسَ مِنْ مَايُو فِي كُورِيَا.

4 서기력과 이슬람력(헤지라력)

아랍 세계에서는 서기력, 이슬람력(헤지라력), 아랍 전통력등 3가지 종류의 달 이름이 사용된다. 이슬람력은 음력으로서 622년을 원년으로 하며 서기력과 비교해 1년이 11일이 짧은 354일이다. 아랍 세계에서는 '서기력'과 '히즈라력'을 함께 병기하는 경우가 많다.

월	서기력	이슬람력	아랍 전통력
1	يَنَايِر	اَلْمُحَرَّمُ	كَانُونُ الثَّانِي
2	فِبْرَايِر	صَفَرٌ	شُبَاطُ
3	مَارِس	رَبِيعٌ الْأَوَّلُ	آذَارٌ
4	أَبْرِيل / إِبْرِيل	رَبِيعٌ الثَّانِي	نِيسَانٌ
5	مَايُو	جُمَادَى الْأُولَى	أَيَّارٌ
6	يُونْيُو	جُمَادَى الْآخِرَةُ	حَزِيرَانٌ
7	يُولْيُو	رَجَبٌ	تَمُّوزٌ
8	أُغُسْطُس	شَعْبَانُ	آبٌ
9	سِبْتَمْبِر	رَمَضَانُ	أَيْلُونٌ
10	أُكْتُوبِر	شَوَّالٌ	تِشْرِينُ الْأَوَّلُ
11	نُوفِمْبِر	ذُو الْقَعْدَةِ	تِشْرِينُ الثَّانِي
12	دِيسِمْبِر	ذُو الْحِجَّةِ	كَانُونُ الْأَوَّلُ

5 "قَامَ بِـ ..." 동사 용법

قَامَ 동사는 '일어나다'의 의미이지만, 동명사와 'قَامَ بِـ ...'를 함께 사용하면 '~을 하다, 수행하다'의 의미를 갖게 된다.

한국 대통령은 5일간의 아랍에미리트 방문을 수행하였다.

قَامَ الرَّئِيسُ الْكُورِيّ بِزِيَارَةٍ لِدَوْلَةِ الْإِمَارَاتِ الْعَرَبِيَّةِ الْمُتَّحِدَةِ تَسْتَغْرِقُ ثَلَاثَةَ أَيَامٍ.

외무부 (여)장관은 다음달 쿠웨이트를 짧게 방문할 것이다.

سَتَقُومُ وَزِيرَةُ الْخَارِجِيَّةِ بِزِّيَارَةٍ قَصِيرَةٍ لِلْكُوَيْتِ فِي الشَّهْرِ الْقَادِمِ.

6 제1근이 'ء, و ,ي,' 인 4형 동사 활용과 마스다르

제1근이 'ء, و, ي,'인 4형 동사는 완료 활용과 미완료 활용, 그리고 마스다르(동명사)의 형태에서 강동사 4형과 차이를 보인다.

제1근	완료	미완료	능동분사	동명사
ء	آمَنَ	يُؤْمِنُ	مُؤْمِنٌ	إِيمَانٌ
ء	آنَسَ	يُؤْنِسُ	مُؤْنِسٌ	إِينَاسٌ
و	أَوْجَبَ	يُوجِبُ	مُوجِبٌ	إِيجَابٌ
و	أَوْجَدَ	يُوجِدُ	مُوجِدٌ	إِيجَادٌ
ي	أَيْسَرَ	يُوسِرُ	مُوسِرٌ	إِيسَارٌ

7 말약 동사의 미완료 직설법 변화

말약 동사는 미완료 활용 변화에서 제2근 자음의 특징 모음이 ـِ 인 경우 남성복수 동사는 동사의 제2근 자음과 제 3근 자음에서 변형이 일어난다.

인칭, 성수 / 동사	1인칭 복수	2인칭 여성 복수	2인칭 남성 복수	3인칭 여성 복수	3인칭 남성 복수
بَنَى	نَبْنِي	تَبْنِينَ	تَبْنُونَ	يَبْنِينَ	يَبْنُونَ
سَعَى	نَسْعَى	تَسْعَيْنَ	تَسْعَوْنَ	يَسْعَيْنَ	يَسْعَوْنَ
صَلَّى	نُصَلِّي	تُصَلِّينَ	تُصَلُّونَ	يُصَلِّينَ	يُصَلُّونَ
أَعْطَى	نُعْطِي	تُعْطِينَ	تُعْطُونَ	يُعْطِينَ	يُعْطُونَ
تَمَنَّى	نَتَمَنَّى	تَتَمَنَّيْنَ	تَتَمَنَّوْنَ	يَتَمَنَّيْنَ	يَتَمَنَّوْنَ
اِسْتَوْصَى	نَسْتَوْصِي	تَسْتَوْصِين	تَسْتَوْصُونَ	يَسْتَوْصِين	يَسْتَوْصُونَ

듣기 (정답은 본문 참조)

1

2

3

4

5

6

7

8

9

10

11

12

13

14

15

쓰기

1 한국인들은 몇 가지 명절을 기념하는데 그중에는 설날이 있다.

(بـ، بعض، عيد" سول"، منها ، يحتفل ، الكوريون، الأعياد الخاصة)

2 설날은 음력 1월 1일이다(일치한다).

(عيد "سول" ، يصادف، التقويم القمري، الأول، من، حسب، الشهرالأول)

3 이드 알피트르는 무슬림들이 이슬람력 10월 1일에 기념하는 명절이다.

(عِيد الْفِطْر، مِنْ ، شَهْرِ شوّال، عيد ، فِي أَوَّلِ يَوْمٍ ، يحتفل، به، المسلمون)

4 무슬림들은 명절 아침 해가 뜬 이후 약 20분간 이드 예배를 드린다.

(فِي، صَبَاحِ الْعِيدِ، صَلاَّةَ الْعِيدِ، يُؤَدِّي، الْمُسْلِمُونَ، بَعْدَ، تَقْرِيبًا، شُرُوقِ الشَّمْسِ، خِلاَلَ ثُلْثِ سَاعَةٍ)

5 무슬림들은 금요일 정오에 사원에서 금요 예배를 드리고 나서, 가족들과 친척들을 방문한다.

(يؤدي، صلاة الجمعة، ظهر ، عند، يوم الجمعة، فِي الْمسجدِ، الْمُسْلِمُونَ، أَهْلَهُمْ وَأَقْرِبَاءَهُمْ، ثمّ، يَزُورُونَ)

회화 테스트

1 اَلتَّقْوِيمُ الْهِجْرِيّ الإِسْلَامِيِّ يَخْتَلِفُ عَنِ التَّقْوِيمِ الْمِيلَادِيّ .

이슬람 헤지라력은 서기력과 다르다.

2 إِجَازَةُ عِيدِ الْأَضْحَى إِجَازَةٌ رَسْمِيَّةٌ فِي الْعَالَمِ الْعَرَبِيِّ الإِسْلَامِيِّ.

이드 알아드하 휴가는 아랍 이슬람 세계에서 공식적인 휴가이다.

3 يُصَلُّونَ صَلَاةَ الْعِيدِ بَعْدَ شُرُوقِ الشَّمْسِ وَيَزُورُون أَهْلَهُم وَأَقْرِبَاءَهُم.

그들은 해가 뜬 이후에 이드 예배를 드리고 그들의 가족과 친척들을 방문한다.

4 اِعْتَادَ الْمُسْلِمُونَ الصِّيَام خِلَالَ رَمَضَان مِنْ طُلُوعِ الْفَجْرِ حَتَّى غُرُوبِ الشَّمْسِ.

무슬림들은 라마단 동안 새벽부터 해가 질 때까지 단식하는 것에 익숙해 있다.

5 يَتَبَادَلُونَ التَّهَانِي اِحْتِفَالًا بِقُدُومِ عِيدِ الْفِطْر وَيَقُولُونَ " كُلّ عَامٍ وَأَنْتُمْ بِخَيْر " .

그들은 이드 알피트르를 기념하여 축하 인사를 주고받고 '매년 당신들이 잘 지내기 빕니다'라고 말한다.

연습문제

본문을 듣고 질문에 답하시오.

문제 1 ما هو عِيدُ الْفِطْرِ؟

.

문제 2 مَاذَا يَلِيه فِي شَهْرِ ذِي الْحِجَّةِ؟

.

문제 3 مَاذَا يَفْعَلُ الْمُسْلِمُون فِي صَبَاحِ الْعِيدِ بَعْدَ شُرُوقِ الشَّمْسِ؟

.

문제 4 مَتَى يُصَادِفُ عِيدُ الأَضْحَى وَكَمْ يَوْمًا يَسْتَمِرُّ؟

.

문제 5 مَاذَا يَفْعَلُ الْمُسْلِمُون بعد انْتِهَائِهِمْ مِنْ أَدَاءِ صَلاَّةِ الْعِيدِ؟

.

문제 6 다음 문장을 해석하시오.

فِي كُورِيَا يوجد بعض الأعياد المهمة [أ] عيد " سول" أي عِيدُ رَأْسِ السَّنَةِ الْقَمَرِيَّةِ الْجَدِيدَةِ، وَعِيدُ الْحَصَادِ الكوري الْمُسَمَّى بِـ"تْشُوسُوك".

عِنْدَ اقْتِرَابِ الْعِيدِ، يُعِدُّ مُعْظَمُ الْكُورِيِّينَ [ب] به، وَهُمْ يَقُومُونَ بِالتَّسَوُّقِ لأَهْلِهِمْ. ويزورون أهلهم وأصدقاءهم ويتبادلون التهاني والهدايا الجميلة.

문제 7 위 문장에서 빈칸 (أ) 에 들어갈 말로 알맞은 것을 고르시오.

① لو ② منها
③ لكي ④ حتّى

문제 8 위 문장에서 빈칸 (ب) 에 들어갈 말로 알맞은 것을 고르시오.

① للعشاء ② للصيام
③ للصلاة ④ للاحتفال

문제 9 다음 문장을 해석하시오.

نظّمت وزارة الخارجية الكورية أمس حفل الإفطار السنوي السادس عشر احتفالا بشهر رمضان الكريم في أحد الفنادق الكبيرة وسط مدينة سيول، حيث دعت حوالي مائة وسبعين شخصا من ذوي العلاقة ومن بينهم دبلوماسيون من سبع وعشرين دولة من الدول (أ) في منظمة التعاون الإسلامي، وعدد من رجال الأعمال والعلماء والطلاب القادمين من الدول الإسلامية.

وبهذه المناسبة، ألقت وزيرة الخارجية الكورية كلمة قالت فيها (ب) شهر رمضان هو شهر التحمّل والكرم والاهتمام بالآخرين ليس عن طريق الكلام فقط بل من الناحية العملية، وأكدت أن الحكومة الكورية لا تزال (ج) إلى تطوير العلاقات مع الدول الإسلامية، وتحتاج إلى دعم الدول الاسلامية في مساعيها من أجل إقرار السلام والمصالحة في شبه الجزيرة الكورية.

문제 10 위 문장에서 빈칸 (أ) 에 들어갈 말로 알맞은 것을 고르시오.

① الكبيرة ② الصغيرة

③ الأعضاء ④ الإسلامية

문제 11 위 문장에서 빈칸 (ب) 에 들어갈 말로 알맞은 것을 고르시오.

① إنّ ② لِأَنَّ

③ لعلّ ④ لَكِنَّ

문제 12 위 문장에서 빈칸 (ج) 에 들어갈 말로 알맞은 것을 고르시오.

① تَكُون ② تسعى

③ تصِير ④ تصبح

문제 13 다음 문장을 해석하시오.

من المتوقع ان يتم الاحتفال بعيد الاضحي المبارك لهذا العام في يوم الأحد الذي يصادف الحادي عشر من شهر أغسطس 2019.

فقد أعلن المعهد الفلكي المصري مؤخرا أنه تم تحديد يوم الأحد أي الحادي عشر من أغسطس كأول أيام عيد الأضحى المبارك، و [أ] عيد الأضحى المبارك أربعة أيام، أي ينتهي في يوم 14 أغسطس الأربعاء، بما يعني أنه من المحتمل أن يأخذ الموظفون إجازة طيلة الأسبوع، بسبب أن هناك بعض العطلات في يوم الخميس لبعض الموظّفين.

في هذا العيد [ب] البعض بذبح الأضحيات التي تختلف من شخص لآخر، من الممكن أن تكون خروفا أو بقرة، وإعتاد الغالبية على ذبح الأضحية بعد صلاة العيد مباشرة، ويتم التصدق بثلثها للفقراء والمساكين، والثلث الآخر للأقارب والأصدقاء على سبيل الهدية، والثلث الأخير لأهل بيت صاحب الأضحية.

문제 14 위 문장에서 빈칸 (أ) 에 들어갈 말로 알맞은 것을 고르시오.

① يمرّ　② يبيع
③ يتوقّف　④ يستمرّ

문제 15 위 문장에서 빈칸 (ب) 에 들어갈 말로 알맞은 것을 고르시오.

① يزور　② يرجع
③ يقوم　④ ينسحب

اللغة العربية

المستوى المتوسّط

연습문제 정답

제1과 : 여러분께 제 소개를 하겠습니다

쓰기

1. يقدّم محمد نفسه أمام الأستاذ وأصدقائه.
2. تتخصّص الطالبة في اللغة الإنجليزية وعلم الاقتصاد بالجامعة.
3. أريد أن أصبح رجل أعمال في المستقبل.
4. شاركت الشركة الكورية في إنشاء المصانع بالرياض.
5. يعمل أبي مهندسا في شركة كورية للإنشاء بالعراق.

연습문제

1. يَسْكُنُ مين سو فِي مَدِينَةِ سِيوُل مَعَ أُمِّه وَأُخْتِه.
2. لَا. تَتَخَصَّصُ أخت مين سو فِي الْعَزْفِ عَلَى الْبِيَانُو بِالْجَامِعَةِ.
3. يُذَاكِرُ دُرُوسَهُ بِجِدٍّ كُلَّ يَوْمٍ لِتَحْقِيقِ أَحْلَامِه فِي الْمُسْتَقْبَلِ.
4. ③ لأنّني
5. ② من
6. تَتَخَصَّصِينَ
7. يَهْتَمُّونَ

8. تُقَدِّمُ

9. يَتَكَوَّنُ

10. أُحَقِّقَ

제2과 : 방학을 어떻게 보냈습니까?

쓰기

1. هل زرتم المتحف الوطني في القاهرة؟
2. أعجبتنا الآثار القديمة كثيرا في مصر.
3. أمارس اليوغا في مركز رياضي كل يوم.
4. ألم تذهبي مع أسرتك إلى شاطئ البحر الغربيّ؟
5. كان الشارع مزدحما جدا بالسيارات.

연습문제

1. سافر سالم إلى مصر مَعَ أَصْدِقَائِه.
2. تَعَلَّمَت فريدة الْإِنْجِلِيزِيَّةَ فِي الْمَرْكَزِ الثَّقَافِيِّ الْبَرِيطَانِيِّ في العطلة.
3. شاهد سالم الْمَعَابِدَ الْقَدِيمَةَ في الأقصر.
4. ④ أعجبتني

5. ③ زرتم

6. لِكَيْ

7. لِأَنَّهُ

8. إِنَّهَا

9. لَمْ

10. إِنَّكِ

제3과 : 당신은 월드컵 예선 경기들을 보았습니까?

쓰기

1. شاهدتُ مباراة كرة القدم بين الفريق الكوري والفريق الصيني.
2. فاز فريقنا على فريق الأهلي بهدفين مقابل هدف.
3. لعب لاعبو منتخب كوريا الجنوبية المباراة جيدا.
4. سجّل اللاعب الكوري الهدف الثاني في الشوط الأول.
5. أين تقام بطولة كأس العالم لكرة القدم ٢٠٢٢؟

연습문제

1. نعم، فَازَ الْفَرِيقُ الْكُورِيُّ عَلَى الْفَرِيقِ الْيَابَانِيّ بِثَلَاثَةِ أَهْدَافٍ مُقَابِلَ هَدَفَيْنِ.
2. سجل اللَّاعِب سُون هُونْغ مِين الهدف الثالث في المباراة.
3. ستقام بطولة كأس العالم لكرة القدم في قطر عام ٢٠٢٢.
4. ① منذ متى
5. ④ مع الأسف
6. هل تعرف لاعبي كرة القدم الذين يلعبون في المباراة اليوم؟
7. تعجبني المباريات الممتعة في كأس العالم لكرة القدم.
8. يجتمع السفير مع موظّفي السفارة يوم الجمعة القادم.
9. مهاجمو الفريق الكوري سجّلوا الهدفين في المباراة النهائية.
10. لعبت اللاعبات الممتازات في مباراة كرة اليد.

제4과 : 제가 이 책을 대출할 수 있습니까?

쓰기

1. يمكن أن تستعيري كتبا في الطابق الأول بالمكتبة.
2. سأصوّر بعض صفحات المجلة داخل المكتبة.
3. هل مدّدت مدة الاستعارة عن طريق موقع الإنترنت؟
4. سيرجع خمسة كتب إلى مكتبة الجامعة بعد ثلاثة أيام.
5. يعطي حميد بطاقته الشخصية لموظفة المكتبة.

연습문제

1. لا. لا يمكنه أن يستعير المجلات في المكتبة.
2. يمكنه أن يستعير عشرة كتب في المرة الواحدة.
3. يجب أن يُرجع الكتاب فِي الطَّابِقِ الثَّانِي بالمكتبة.
4. ④ في أي طابق
5. ② يجب أن
6. أَسْتَعِيرَ
7. لم تُعْطِ
8. يُرْجِعَ
9. تُمَدِّدِي
10. أُصَوِّرَ

제5과 : 아랍어는 셈어족의 한 언어입니다

쓰기

1. اللغة العربية إحدى اللغات الرسمية الست للأمم المتحدة.
2. لأن القرآن الكريم نزل باللغة العربية وكتب بها.
3. تضمّ منظمة التعاون الإسلامي ٥٧ دولة عضو في كل أنحاء العالم.
4. لكل بلد عربي لغة عامية خاصة به.
5. يستخدم العرب اللغة العربية الفصحى في المناسبات الرسمية الهامة.

연습문제

1. لا. اللغة العربية إحدى اللغات الساميّة.
2. يصل عدد المسلمين الذين يستخدمون اللغة العربية كلغة الدين في العالم إلى حَوَالَيْ مليار وستمائة مليون مسلم.
3. نعم، تختلف اللهجات العامية من بلد إلى بلد آخر.
4. ④ تختلف
5. ③ أشهر
6. ① أَنْ ② لِأَنَّ ③ أَنَّهَا ④ إِحْدَى
7. ② التي

8. ① أكثر من

9. تَضُمُّ

10. أَبْقَى

11. تُستخدم

제6과 : 바심에게 보내는 편지

쓰기

1. أشكرك على ضيافتك الكريمة أثناء زيارتي لبلدك.
2. أكتب هذه الرسالة لأقدّم لك شكري وتقديري.
3. لن أنسى الأيام الجميلة التي قضيتها في المغرب.
4. أرجو أن تبلّغ سلامي الخاصّ لأصدقائك.
5. عليكَ أن تقضي العطلة الشتوية معنا في كوريا.

1. يكتب يونغ جين رسالة الشكر إلى باسم.
2. قضى يونغ جين الأيّام الممتعة في تونس.
3. وعد باسم ليونغ جين بأن يزور كوريا في الخريف القادم.
4. ② أريد أن يعجبني.
5. ① تبلّغ
6. الَّتِي
7. اللَّوَاتِي (اللَّاتِي، اللَّائِي)
8. الَّذِي
9. الَّذِينَ
10. الَّتِي

제7과 : 우리는 구급차가 필요합니다

쓰기

1. أصيب شابّ فلسطيني بجراح خطيرة بعد انفجار قنبلة.
2. أي مستشفى يقدّم خدمة الطوارئ لمدة ٢٤ ساعة؟
3. لا يستطيع المريض أن يتحرك ويتنفس بسهولة.
4. سأكون بانتظار سيارة إسعاف في مكان الحادث.
5. سنرسل لكم سيارة إسعاف بأسرع وقت ممكن.

연습문제

1. يتصل كريم بمركز الطوارئ؟ أَمَامَ مَكْتَبَةِ "اَلْبَلَدُ" بِجِوَارِ مَيْدَانِ التَّحْرِيرِ.
2. لا. أُصِيبَ بِجِرَاحٍ فِي رِجْلِهِ الْيُمْنَى.
3. يقوم صديق كريم الآن بِالتَّنَفُّسِ الْاِصْطِنَاعِيِّ لَهُ.
4. يتصل كريم بمركز الطوارئ لطلب سيارة إسعاف.
5. ④ أحتاج إلى
6. ③ بشكل غير مناسب
7. أَنَّنِي
8. أَنْ

9. أَنَّكِ
10. لَنْ
11. إِنَّـهَا

제8과 : 당신에게 SNS 계정이 있습니까?

쓰기

1. لنتواصل دائما عبر شبكات التواصل الاجتماعي.
2. نشرتُ اليوم صور أسرتي وآخر أخباري على الفيسبوك.
3. هل تكتب آراءك في مجال السياسة الدولية على مدوّنتك؟
4. يمكن أن نتبادل المعلومات المفيدة لبعضنا البعض.
5. هل يمكن أن نتحدث معا على صفحة الدردشة الآن؟

연습문제

1. سترجع جي مين إلى كوريا فِي الْأُسْبُوعِ الْقَادِمِ.
2. نعم، عنده حساب على الفيسبوك.
3. تنشر جي مين صُوَرَ حَيَاتِها الْيَوْمِيَّةِ وَآخِرِ أَخْبَارِها للتواصل مع أصدقائها على الفيسبوك.

4. يمكننا من خلال شبكات التواصل الاجتماعي أن نحصل عَلَى الْمَعْلُومَاتِ الْمُخْتَلِفَةِ فِي الْمَجَالَاتِ السِّيَاسِيَّةِ وَالْعِلْمِيَّةِ وَالثَّقَافِيَّةِ. كما يمكننا تَبَادَلُ الْمَعْلُومَاتِ الْمُفِيدَةَ مع الأصدقاء إضافة إلى التَّحَدُّث عَلَى صَفْحَةِ الدَّرْدَشَةِ.

5. ③ مع الأسف

6. ② مقابلة شخصية

7. تستطيع أَنْ تَتَعَرَّفَ على أصدقاء كوريين جدد على الفيسبوك.

8. أنشر دائما صور حياتي اليومية لِأَتَوَاصَلَ مع أصدقائي.

9. يحتاجون إلى رقم هاتف المدير لِيَتَّصِلُوا به.

10. نستعمل مدوّنات لِنَتَبَادَلَ المعلومات المفيدة بعضنا البعض.

11. يجب عليكَ أَنْ تُغَيِّرَ كلمة سرّ على حساب غوغل.

12. 실로 SNS는 인스타그램, 트위터, 페이스북과 같이 광범위한 집단의 소셜사이트들을 포함하고 있다. 따라서 이것은 같은 취미와 관심사를 가진 타인들과의 소통에 도움을 주는 것 이외에 그 사이트에서 개인별 계정을 만들 수 있게 도와준다. 이 네트워크 덕분에 사람들은 다양한 정보와 데이터를 공유하는 것을 통해 개인 간 관계를 강화할 수 있으며, 다양한 주제에 관한 의견과 경험을 교환할 수 있다. 또한 이것은 개인이 다양한 분야의 간접 경험을 쌓을 수 있게 해준다.

13. ④ بالإضافة

14. ③ يمكن

제9과 : 아랍어 신문을 어떻게 읽습니까?

쓰기

1. تساعد قراءة الجرائد في الاطّلاع على الأخبار العالمية والمحلية.
2. ألقي نظرة على الموضوعات العامة سريعا.
3. أشرح لصديقي كيف يقرأ الجرائد الكورية بإتقان.
4. يتصفّح أخبار اليوم على جريدة الإنترنت كل صباح.
5. في أيّ صفحة يمكن أن أقرأ الإعلان عن الوظائف؟

연습문제

1. لِأَنَّ قِرَاءَةَ الْجَرَائِدِ الْعَرَبِيَّةِ تُسَاعِدُ فِي تَعَلُّمِ اللُّغَةِ الْعَرَبِيَّةِ، وَالْإِطِّلَاعِ عَلَى الْأَخْبَارِ الْعَالَمِيَّةِ وَالْمَحَلِّيَّةِ.
2. أخبار الزواج والأعياد والتهاني فِي صَفْحَةِ أَخْبَارِ الْمُجْتَمَعِ.
3. نعم، أخبار التجارة والمال في صفحة الاقتصاد.
4. يمكنني قراءة الأخبار المتعلقة بالزواج والأعياد في صفحة أخبار المجتمع.
5. ② مثل
6. ③ الضروري
7. ④ الزواج والتهاني والأعياد

8. ③ على

9. يُلْقِي

10. تَتَصَفَّحْ

11. يَسْتَخْدِمَ

12.

수미는 오늘 '알하야트' 신문의 문화면에서 한 뉴스를 읽었다.

뉴스는 말하기를:

사우디문화원은 이번 달 24일부터 다음 달 4일까지 7일간 서울 '그랜드 힐튼' 호텔에서 사우디 문화 축제를 개최할 것으로 예상된다. 사우디문화원 담당자는 '이 축제가 한국인들에게 사우디의 문화와 역사를 알게 해주는 기회를 제공하고 사우디와 한국 간 문화교류 확대의 기회를 제공하는데 목표가 있다'고 말했다. 이 축제에서는 사우디아라비아의 의식주와 같은 다양한 문화 양식을 전해주는 많은 전시품들이 전시될 것이다.

13. ③ على

14. ② التي

제10과 : 직원 구함

쓰기

1. تتطلب المؤهلات العلمية من البكالوريوس في إدارة الأعمال.
2. عملتُ في شركة سيارات لمدة لا تقلّ عن خمس سنوات.
3. هل ترجمتَ هذا الخطاب من اللغة العربية إلى اللغة الإنجليزية؟
4. الشركة توفّر للمدير السكن المناسب والتأمين الطبّي.
5. عندي القدرة على استعمال الكمبيوتر.

연습문제

1. تطلب الشركة خِبْرَة لَا تَقِلُّ عَنْ ثَلَاثِ سَنَوَاتٍ فِي مَجَالِ التَّصْدِيرِ.
2. يحدّد الراتب بِالْمُقَابَلَةِ عَلَى حَسَبِ الْخِبْرَةِ وَالْكَفَاءَةِ
3. لا. يجب الراغبين بالتقدم للعمل أن يقدموا استمارة التوظيف عَنْ طَرِيقِ مَوْقِعِ الشَرِكَةعلى الْإِنْتِرْنِتِ.
4. ② ليس عندي خبرة أبدا.
5. ① كم سنة
6. سَيُحَدَّدُ راتب الموظف الجديد على حسب خبرته.

7. لَا يُنْشَرُ كتاب اللغة العربية هذه السنة.

8. تُسْتَخْدَمُ اللغة العربية الفصحى واللهجات العامية معا.

9. تُعْتَبَرُ قراءة أخبار الرياضة أمرا هامّا.

10. تُرْسَلُ مقالات عن أخبار الحوادث للجريدة

11.

채용 공고

대기업에서 두바이 프로젝트에 근무할 직원들을 구함

고용 조건 : 풀타임 근무
모집 인원(공석 수) : 3명

요구되는 학력 :
1- 회계학 학사학위
2- 아랍어와 한국어 학사학위

경력 :
1- 회계 분야에서 3년 이상의 경력
2- Excel 프로그램 등 최신 컴퓨터 프로그램 사용
3- 아랍어-한국어, 한국어-아랍어 번역 능력
이력서는 팩스 012457789로 우송해 주시기 바랍니다.
연락처 : 전화 - 40659271

12. ③ المؤهّلات

13. ② خبرة

제11과 : 아랍 국가는 어디에 위치하고 있나요?

쓰기

1. ليس كل الدول العربية غنية بالغاز الطبيعي.
2. أما الدول العربية التي تقع في قارة إفريقيا فهي ليبيا والجزاير وغيرها.
3. تقدّمت بعض البلدان العربية بشكل ملحوظ بفضل المصادر الطبيعية.
4. العالم العربي مشهور بالآثار التاريخية الرائعة مثل الأهرامات وأبي الهول والبتراء وتدمر.
5. يُستخدم التقويم الهجري والتقويم الميلادي معا في الدول العربية.

연습문제

1. يَقَعُ الْوَطَنُ الْعَرَبِيُّ وَسَطَ قَارَّاتٍ ثَلَاثٍ وَهِيَ آسِيَا وَإِفْرِيقِيَا وَأُورُوبَّا.
2. يبلغ عدد الدول العربية إلى اثنتين وعشرين دولة.
3. الدُّوَّلُ الْعَرَبِيَّةُ الَّتِي تَقَعُ فِي قَارَّةِ إِفْرِيقِيَا هي مِصْرُ وَالْجَزَائِرُ وَالْمَغْرِبُ وَتُونِسُ وَلِيبِيَا وَالسُّودَانَ وَالصُّومَال وَجِيبُوتِي وَجُزْرُ الْقَمَر وغيرها.

4. تَشْتَهِرُ مُعْظَمُ الدُّوَلِ الْعَرَبِيَّةِ بِالأَمَاكِنِ السِّيَاحِيَّةِ وَالآثَارِ التَّارِيخِيَّةِ الرَّائِعَةِ إِضَافَةً إِلَى الْمَصَادِرِ الطَّبِيعِيَّةِ مِثْلَ النَّفْطِ وَالْغَازِ الطَّبِيعِيِّ.

5. يتعلق التقويم الهجري بهجرة الرسول محمد من مكة إلى المدينة.

6. 아랍 세계에는 공화정, 왕정, 아미르제, 술탄제도 같은 다양한 통치 체제가 있다. 공화정 제도를 따르는 아랍 국가들 중에는 튀니지, 알제리, 이집트, 수단, 지부티, 소말리아, 이라크, 팔레스타인, 레바논, 모리타니아 등이 있다. 왕정 제도를 따르는 국가들을 보자면 사우디아라비아, 요르단, 모로코, 바레인이다. 또한 아미르 제도를 따르는 카타르와 쿠웨이트가 있다. 반면 오만은 술탄제를 따르고 있다.

7. ② اللتان

8. ③ عُمَانُ

9. 아랍 세계에는 부처들의 숫자와 종류, 명칭들이 나라마다 그 고유의 여건에 따라 다르다.
가장 중요한 부처들 중에는 대학교 이전의 학교 교육 임무를 담당하는 교육부가 있으며, 일부 국가에서는 지식부라고 불린다. 또한 고등교육-연구부는 대학교와 이후 단계의 교육과 연구 업무를 관장한다. 또한 금융-경제부, 농수축산부, 수출과 수입 업무를 관할하는 무역부가 있다. 외무부에 대해서 보자면 그것은 국가와 다른 국가와의 관계 정비 업무를 담당한다. 반면 내무부는 국가 내 안보 업무를 담당하고, 국방부는 외부 공격으로부터 국가를 방어하는 임무를 담당하며, 육군, 해군, 공군 같은 군대를 관할한다. 또한 홍보부는 방송, 신문, TV를 관할하고 국가에 관한 정보들을 제공한다. 재판과 판결을 관할하는 법무부, 청소년-스포츠부, 가족, 노동자, 소외층을 담당하는 사회부, 공공 주택 건설과 도시 계획을 담당하는 주택부, 빵과 고기, 야채, 설탕, 차, 기름, 기타 곡식들의 공급에 관여하는 조달부, 외국인 관광객과 항공사, 호텔 등을 담당하는 관광부, 공장들과 광산들을 관할하는 산업부, 종교 업무들과 사원들을 책임지는 종교부, 그리고 교통-통신부 이외에 국가의 미래 사업들을 기획하고 추진하는 업무를 담당하는 기획부가 있다.

.10 ① حسب

.11 ④ التَّصْدِيرِ

.12 ③ أَمَّا

.13 ④ إِضَافَةً

제12과 : 즐거운 명절 보내시기 바랍니다

쓰기

.1 يحتفل الكوريون ببعض الأعياد الخاصة منها عيد " سول".

.2 يصادف عيد " سول" الأول من الشهر الأول حسب التقوييم القمري.

.3 عِيد الْفِطْر عيد يحتفل به المسلمون فِي أَوَّلِ يَوْم مِنْ شَهر شوّال.

.4 يُؤَدِّي الْمُسْلِمُونَ صَلاَّةَ الْعِيدِ خِلاَلَ ثُلْثِ سَاعَةٍ تَقْرِيبًا بَعْدَ شُرُوقِ الشَّمْسِ فِي صَبَاحِ الْعِيدِ.

.5 يَلْتَقِي الْمُسْلِمُونَ فِي الْعِيدِ، وَيَتَبَادَلُونَ التَّهَانِي وَيَزُورُونَ أَهْلَهُمْ وَأَقْرِبَاءَهُمْ.

연습문제

1. عِيدُ الْفِطرِ هو العيد الَّذِي يَحْتَفِلُ بِهِ الْمُسْلِمُون فِي أَوَّلِ يَوْمٍ مِنْ أَيَامِ شَهْرِ شوّال بعد نهاية شهر رمضان.

2. يَلِيه فِي شَهْرِ ذِي الْحِجَّةِ عِيدُ الأَضْحَى الذي يُعْتَبَرُ مِنْ أَكْبَرِ الأَعْيَادِ فِي الْعَالَمِ الْعَرَبِيّ وَالإِسْلَامِيّ.

3. يُؤَدِّي الْمُسْلِمُونَ فِي صَبَاحِ الْعِيدِ بَعْدَ شُرُوقِ الشَّمْسِ صَلاَةَ الْعِيدِ وَيَلْتَقِي الْمُسْلِمُونَ فِي الْعِيدِ وَيَتَبَادَلُونَ التَّهَانِي وَيَزُورُونَ أَهْلَهُمْ وَأَقْرِبَاءَهُمْ.

4. يُصادفُ عيد الأضحى الْيَوْمَ العَاشِرَ مِنْ شَهْرِ ذي الحجّة أي الشهر الثاني عشر حسب التقويم الهجري، ويَسْتَمِرّ أربعة أيام.

5. يتبادل العرب الْمُسْلِمُون التَحِيَّات لبَعْضِهِم الْبَعْضِ فَوْرَ انْتِهَائِهِمْ مِنْ أَدَاءِ صَلاَةِ الْعِيدِ حَيْثُ يَقُومُ كُلُّ مُسْلِمٍ بِمُصَافَحَةِ الْمُسْلِمِ قَائِلاً "تَقَبَّل الله مِنَّا وَمِنْكم صَالِحَ الأَعْمَال" ثُمَّ يَقُولُ لَهُ "كَلّ عَام وَأَنْتُمْ بِخَيْر".

6. 한국에는 몇 가지 중요한 명절이 있는데 그중에는 새해 첫날인 '설날'과 '추석'이라고 불리는 한국의 추수감사절이 있다. 명절이 가까워져 오면 대부분의 한국인들은 명절을 맞을(기념할) 준비를 하며, 가족들을 위한 쇼핑을 한다. 그들은 가족들과 친척들을 방문하고 축하 인사와 예쁜 선물들을 주고받는다.

7. ② منها

8. ④ للاحتفال

.9

대한민국 외무부는 어제 서울 시내 한 호텔에서 라마단을 기념한 제16회 연례 이프타르 만찬을 개최하였다. 관련 있는 인사 약 170명을 초대하였으며 그중에는 이슬람협력기구의 회원국 중 17개국 외교관들과 다수의 기업인들, 학자들, 이슬람 국가들의 유학생들이다. 이 행사를 기념하여 한국 외무부 장관이 기념사를 하였으며 그녀는 말하기를, '라마단은 인내와 관용, 말로써 뿐 아니라 실질적 면에서 타인들에 대한 관심을 기울이는 달이다'라고 했다. 또한 그녀는 한국 정부가 여전히 이슬람 국가들과의 관계 발전을 위해 노력하고 있으며, 한반도에서의 평화 번영 정착을 위해 기울이는 노력에 이슬람 국가들의 지원이 필요하다고 강조했다.

.10 ③ الأعضاء

.11 ① إنّ

.12 ② تسعى

.13

올해 이드 알아드하는 8월 11일에 해당하는 오는 일요일에 기념하게 될 것으로 예상된다. 이집트천문학연구소는 최근, 2019년 8월 11일이 올해 이드 알아드하 첫째 날로 정해졌으며 이드 알아드하가 4일간 계속되며, 즉 8월 14일 수요일에 끝나게 될 것이라고 발표했다. 즉 직장인들의 경우 목요일이 휴일이기 때문에 1주일 내내 이드 알아드하 연휴를 즐길 수 있다는 의미이다. 이드 알아드하 동안 일부 사람들은 양이나 소 등 개인마다 다른 희생물들을 도축한다. 대부분의 사람들은 이드 예배 후 바로 희생물을 도축하는 데 익숙해져 있으며 희생물의 3분의 1은 빈민들과 소외계층을 위해, 3분의 1은 친척과 친지들에게 선물로, 나머지 3분의 1은 희생양의 주인집 가족들에게 기부한다.

.14 ④ يستمرّ

.15 ③ يقوم

아랍어 중급

초판 인쇄	2019년 8월 23일
초판 발행	2019년 8월 30일
지은이	윤은경
발행인	김인철
총괄 · 기획	가정준 Director, University Knowledge Press
편집장	신선호 Executive Knowledge Contents Creator
기획 · 물류	이현진 Planning Expert
사전 · 도서편집	정준희 Contents Creator
전자책 · 도서편집	장혜린 Contents Creator
도서편집	이병철 Contents Creator
	이근영 Contents Creator
재무관리	강현주 Managing Creator
발행처	한국외국어대학교 지식출판콘텐츠원
	02450 서울특별시 동대문구 이문로 107
	전화 02)2173-2493~7
	팩스 02)2173-3363
	홈페이지 http://press.hufs.ac.kr
	전자우편 press@hufs.ac.kr
	출판등록 제6-6호(1969. 4. 30)
디자인 · 편집	(주)이환디앤비 02)2254-4301
인쇄 · 제본	(주)트윈벨미디어 02)2088-1810

ISBN 979-11-5901-602-8 13790 정가 20,000원

HUINE은 한국외국어대학교 지식출판콘텐츠원의 어학도서, 사회과학도서, 지역학 도서 Sub Brand이다. 한국외대의 영문명인 HUFS, 현명한 국제전문가 양성(International +Intelligent)의 의미를 담고 있으며, 휴인(携引)의 뜻인 '이끌다, 끌고 나가다'라는 의미처럼 출판계를 이끄는 리더로서, 혁신의 이미지를 담고 있다.

이 책의 음원(mp3)은 한국외국어대학교 지식출판콘텐츠원 홈페이지 (press.hufs.ac.kr) – 게시판 – 자료실에서 다운받아 사용하시기 바랍니다.

اللغة العربية

المستوى المتوسّط